HAMBURGER LESEHEFTE
PLUS

TEXT UND MATERIALIEN

FRANZ KAFKA

DIE VERWANDLUNG

HLV

Bange Verlag

HAMBURGER LESEHEFTE PLUS
KÖNIGS MATERIALIEN
507. HEFT

Zur Textgestaltung

Der Text dieser Ausgabe wurde nach der zu Kafkas Lebzeiten ersten Buchausgabe gedruckt, die Rechtschreibung wurde den neuen amtlichen Regeln jedoch behutsam angepasst; hier nach der 1. Buchausgabe: Leipzig, Kurt Wolff 1916. (Der Jüngste Tag 22/23.) 73 S. [Impressum:] Gedruckt bei Poeschel & Trepte in Leipzig November 1915 als Band 22/23 (Doppelband) der Bücherei „Der jüngste Tag" mit einem Titelbild von Ottomar Starke.

Analysiert und interpretiert mit Textverweisen auf dieses Heft wird *Die Verwandlung* in Königs Erläuterungen, 978-3-8044-1941-4, C. Bange Verlag.

1. Auflage 2019

Alle Drucke dieser Ausgabe und die der Hamburger Lesehefte sind untereinander unverändert und können im Unterricht nebeneinander genutzt werden.

Heftbearbeitung Text: Gerd Eversberg
Heftbearbeitung Materialien: Dr. Oliver Pfohlmann
Umschlaggestaltung und Layout: Petra Michel
Umschlagzeichnung: Isa Dietrich
Druck und Weiterverarbeitung: Husum Druck- und Verlagsgesellschaft, Husum

ISBN 978-3-8044-2596-5

www.bange-verlag.de

ISBN 978-3-87291-506-1

www.verlagsgruppe.de

INHALT

← Die Pfeile verweisen auf Anmerkungen im Anhang.
Kurze Worterläuterungen stehen direkt neben dem Text.

I.

Als Gregor Samsa eines Morgens aus unruhigen Träumen erwachte, fand er sich in seinem Bett zu einem ungeheueren Ungeziefer verwandelt. Er lag auf seinem panzerartig harten Rücken und sah, wenn er den Kopf ein wenig hob, seinen gewölbten, braunen, von bogenförmigen Versteifungen geteilten Bauch, auf dessen Höhe sich die Bettdecke, zum gänzlichen Niedergleiten bereit, kaum noch erhalten konnte. Seine vielen, im Vergleich zu seinem sonstigen Umfang kläglich dünnen Beine flimmerten ihm hilflos vor den Augen.

„Was ist mit mir geschehen?", dachte er. Es war kein Traum. Sein Zimmer, ein richtiges, nur etwas zu kleines Menschenzimmer, lag ruhig zwischen den vier wohl bekannten Wänden. Über dem Tisch, auf dem eine auseinander gepackte Musterkollektion von Tuchwaren ausgebreitet war – Samsa war Reisender –, hing das Bild, das er vor kurzem aus einer illustrierten Zeitschrift ausgeschnitten und in einem hübschen, vergoldeten Rahmen untergebracht hatte. Es stellte eine Dame dar, die, mit einem Pelzhut und einer Pelzboa versehen, aufrecht dasaß und einen schweren Pelzmuff, in dem ihr ganzer Unterarm verschwunden war, dem Beschauer entgegenhob.

Gregors Blick richtete sich dann zum Fenster, und das trübe Wetter – man hörte Regentropfen auf das Fensterblech aufschlagen – machte ihn ganz melancholisch. „Wie wäre es, wenn ich noch ein wenig weiterschliefe und alle Narrheiten vergäße", dachte er, aber das war gänzlich undurchführbar, denn er war gewöhnt, auf der rechten Seite zu schlafen, konnte sich aber in seinem gegenwärtigen Zustand nicht in diese Lage bringen. Mit welcher Kraft er sich auch auf die rechte Seite warf, immer wieder schaukelte er in die Rückenlage zurück. Er versuchte es wohl hundertmal, schloss die Augen, um die zappelnden Beine nicht sehen zu müssen, und ließ erst ab, als er in der Seite einen noch nie gefühlten, leichten, dumpfen Schmerz zu fühlen begann.

„Ach Gott", dachte er, „was für einen anstrengenden Beruf habe ich gewählt! Tag aus, Tag ein auf der Reise. Die geschäftlichen Aufregungen sind viel größer, als im eigentlichen Geschäft zu Hause, und außerdem ist mir noch diese Plage des Reisens auferlegt, die Sorgen um die Zuganschlüsse, das unregelmäßige, schlechte Essen, ein immer wechselnder, nie andauernder, nie herzlich werdender menschlicher Verkehr. Der Teufel soll das alles holen!" Er fühlte ein leichtes Jucken oben auf dem Bauch; schob sich auf dem Rücken langsam näher zum Bettpfosten, um den Kopf besser heben zu können; fand die juckende Stelle, die

Pelzboa schlangenförmiger, modischer Halsschmuck aus Pelz

Pelzmuff *(niederländisch)* Handwärmer

mit lauter kleinen weißen Pünktchen besetzt war, die er nicht zu beurteilen verstand; und wollte mit einem Bein die Stelle betasten, zog es aber gleich zurück, denn bei der Berührung umwehten ihn Kälteschauer.

Er glitt wieder in seine frühere Lage zurück. „Dies frühzeitige Aufstehen", dachte er, „macht einen ganz blödsinnig. Der Mensch muss seinen Schlaf haben. Andere Reisende leben wie Haremsfrauen. Wenn ich zum Beispiel im Laufe des Vormittags ins Gasthaus zurückgehe, um die erlangten Aufträge zu überschreiben, sitzen diese Herren erst beim Frühstück. Das sollte ich bei meinem Chef versuchen; ich würde auf der Stelle hinausfliegen. Wer weiß übrigens, ob das nicht sehr gut für mich wäre. Wenn ich mich nicht wegen meiner Eltern zurückhielte, ich hätte längst gekündigt, ich wäre vor den Chef hingetreten und hätte ihm meine Meinung von Grund des Herzens aus gesagt. Vom Pult hätte er fallen müssen! Es ist auch eine sonderbare Art, sich auf das Pult zu setzen und von der Höhe herab mit dem Angestellten zu reden, der überdies wegen der Schwerhörigkeit des Chefs ganz nahe herantreten muss. Nun, die Hoffnung ist noch nicht gänzlich aufgegeben; habe ich einmal das Geld beisammen, um die Schuld der Eltern an ihn abzuzahlen – es dürfte noch fünf bis sechs Jahre dauern –, mache ich die Sache unbedingt. Dann wird der große Schnitt gemacht. Vorläufig allerdings muss ich aufstehen, denn mein Zug fährt um fünf."

Und er sah zur Weckuhr hinüber, die auf dem Kasten tickte. „Himmlischer Vater!", dachte er. Es war halb sieben Uhr, und die Zeiger gingen ruhig vorwärts, es war sogar halb vorüber, es näherte sich schon dreiviertel. Sollte der Wecker nicht geläutet haben? Man sah vom Bett aus, dass er auf vier Uhr richtig eingestellt war; gewiss hatte er auch geläutet. Ja, aber war es möglich, dieses Möbel erschütternde Läuten ruhig zu verschlafen? Nun, ruhig hatte er ja nicht geschlafen, aber wahrscheinlich desto fester. Was aber sollte er jetzt tun? Der nächste Zug ging um sieben Uhr; um den einzuholen, hätte er sich unsinnig beeilen müssen, und die Kollektion war noch nicht eingepackt, und er selbst fühlte sich durchaus nicht besonders frisch und beweglich. Und selbst wenn er den Zug einholte, ein Donnerwetter des Chefs war nicht zu vermeiden, denn der Geschäftsdiener hatte beim Fünfuhrzug gewartet und die Meldung von seiner Versäumnis längst erstattet. Es war eine Kreatur des Chefs, ohne Rückgrat und Verstand. Wie nun, wenn er sich krank meldete? Das wäre aber äußerst peinlich und verdächtig, denn Gregor war während seines fünfjährigen Dienstes noch nicht einmal krank gewesen.

Kreatur *(lat.)* Lebewesen, gehorsames Werkzeug

Gewiss würde der Chef mit dem Krankenkassenarzt kommen, würde den Eltern wegen des faulen Sohnes Vorwürfe machen und alle Einwände durch den Hinweis auf den Krankenkassenarzt abschneiden, für den es ja überhaupt nur ganz gesunde, aber arbeitsscheue Menschen gibt. Und hätte er übrigens in diesem Falle so ganz Unrecht? Gregor fühlte sich tatsächlich, abgesehen von einer nach dem langen Schlaf wirklich überflüssigen Schläfrigkeit, ganz wohl und hatte sogar einen besonders kräftigen Hunger.

Als er dies alles in größter Eile überlegte, ohne sich entschließen zu können, das Bett zu verlassen – gerade schlug der Wecker dreiviertel sieben – klopfte es vorsichtig an die Tür am Kopfende seines Bettes. „Gregor", rief es – es war die Mutter –, „es ist dreiviertel sieben. Wolltest du nicht wegfahren?" Die sanfte Stimme! Gregor erschrak, als er seine antwortende Stimme hörte, die wohl unverkennbar seine frühere war, in die sich aber, wie von unten her, ein nicht zu unterdrückendes, schmerzliches Piepsen mischte, das die Worte förmlich nur im ersten Augenblick in ihrer Deutlichkeit beließ, um sie im Nachklang derart zu zerstören, dass man nicht wusste, ob man recht gehört hatte. Gregor hatte ausführlich antworten und alles erklären wollen, beschränkte sich aber bei diesen Umständen darauf, zu sagen: „Ja, ja, danke Mutter, ich stehe schon auf." Infolge der Holztür war die Veränderung in Gregors Stimme draußen wohl nicht zu merken, denn die Mutter beruhigte sich mit dieser Erklärung und schlürfte davon. Aber durch das kleine Gespräch waren die anderen Familienmitglieder darauf aufmerksam geworden, dass Gregor wider Erwarten noch zu Hause war, und schon klopfte an der einen Seitentür der Vater, schwach, aber mit der Faust. „Gregor, Gregor", rief er, „was ist denn?" Und nach einer kleinen Weile mahnte er nochmals mit tieferer Stimme: „Gregor! Gregor!" An der anderen Seitentür aber klagte leise die Schwester: „Gregor? Ist dir nicht wohl? Brauchst du etwas?" Nach beiden Seiten hin antwortete Gregor: „Bin schon fertig", und bemühte sich, durch die sorgfältigste Aussprache und durch Einschaltung von langen Pausen zwischen den einzelnen Worten seiner Stimme alles Auffallende zu nehmen. Der Vater kehrte auch zu seinem Frühstück zurück, die Schwester aber flüsterte: „Gregor, mach auf, ich beschwöre dich." Gregor aber dachte gar nicht daran aufzumachen, sondern lobte die vom Reisen her übernommene Vorsicht, auch zu Hause alle Türen während der Nacht zu versperren.

Zunächst wollte er ruhig und ungestört aufstehen, sich anziehen und vor allem frühstücken, und dann erst das Weitere überlegen, denn, das merkte er wohl, im Bett würde er mit dem Nachdenken zu keinem vernünftigen Ende kommen. Er erinnerte sich, schon öfters im Bett irgendeinen vielleicht durch ungeschicktes Liegen erzeugten, leichten Schmerz empfunden zu haben, der sich dann beim Aufstehen als reine Einbildung herausstellte, und er war gespannt, wie sich seine heutigen Vorstellungen allmählich auflösen würden. Dass die Veränderung der Stimme nichts anderes war, als der Vorbote einer tüchtigen Verkühlung, einer Berufskrankheit der Reisenden, daran zweifelte er nicht im Geringsten.

Die Decke abzuwerfen war ganz einfach; er brauchte sich nur ein wenig aufzublasen und sie fiel von selbst. Aber weiterhin wurde es schwierig, besonders weil er so ungemein breit war. Er hätte Arme und Hände gebraucht, um sich aufzurichten; stattdessen aber hatte er nur die vielen Beinchen, die ununterbrochen in der verschiedensten Bewegung waren und die er überdies nicht beherrschen konnte. Wollte er eines einmal einknicken, so war es das Erste, dass es sich streckte; und gelang es ihm endlich, mit diesem Bein das auszuführen, was er wollte, so arbeiteten inzwischen alle anderen, wie freigelassen, in höchster, schmerzlicher Aufregung. „Nur sich nicht im Bett unnütz aufhalten", sagte sich Gregor.

Zuerst wollte er mit dem unteren Teil seines Körpers aus dem Bett hinauskommen, aber dieser untere Teil, den er übrigens noch nicht gesehen hatte und von dem er sich auch keine rechte Vorstellung machen konnte, erwies sich als zu schwer beweglich; es ging so langsam; und als er schließlich, fast wild geworden, mit gesammelter Kraft, ohne Rücksicht sich vorwärts stieß, hatte er die Richtung falsch gewählt, schlug an den unteren Bettpfosten heftig an, und der brennende Schmerz, den er empfand, belehrte ihn, dass gerade der untere Teil seines Körpers augenblicklich vielleicht der empfindlichste war.

Er versuchte es daher, zuerst den Oberkörper aus dem Bett zu bekommen, und drehte vorsichtig den Kopf dem Bettrand zu. Dies gelang auch leicht, und trotz ihrer Breite und Schwere folgte schließlich die Körpermasse langsam der Wendung des Kopfes. Aber als er den Kopf endlich außerhalb des Bettes in der freien Luft hielt, bekam er Angst, weiter auf diese Weise vorzurücken, denn wenn er sich schließlich so fallen ließ, musste geradezu ein Wunder geschehen, wenn der Kopf nicht verletzt werden sollte. Und die Besinnung durfte er gerade jetzt um keinen Preis verlieren, lieber wollte er im Bett bleiben.

Aber als er wieder nach gleicher Mühe aufseufzend so dalag wie früher, und wieder seine Beinchen womöglich noch ärger gegeneinander kämpfen sah und keine Möglichkeit fand, in diese Willkür Ruhe und Ordnung zu bringen, sagte er sich wieder, dass er unmöglich im Bett bleiben könne und dass es das Vernünftigste sei, alles zu opfern, wenn auch nur die kleinste Hoffnung bestünde, sich dadurch vom Bett zu befreien. Gleichzeitig aber vergaß er nicht, sich zwischendurch daran zu erinnern, dass viel besser als verzweifelte Entschlüsse ruhige und ruhigste Überlegung sei. In solchen Augenblicken richtete er die Augen möglichst scharf auf das Fenster, aber leider war aus dem Anblick des Morgennebels, der sogar die andere Seite der engen Straße verhüllte, wenig Zuversicht und Munterkeit zu holen. „Schon sieben Uhr", sagte er sich beim neuerlichen Schlagen des Weckers, „schon sieben Uhr und noch immer ein solcher Nebel." Und ein Weilchen lang lag er ruhig mit schwachem Atem, als erwarte er vielleicht von der völligen Stille die Wiederkehr der wirklichen und selbstverständlichen Verhältnisse.

Dann aber sagte er sich: „Ehe es einviertel acht schlägt, muss ich unbedingt das Bett vollständig verlassen haben. Im Übrigen wird auch bis dahin jemand aus dem Geschäft kommen, um nach mir zu fragen, denn das Geschäft wird vor sieben Uhr geöffnet." Und er machte sich nun daran, den Körper in seiner ganzen Länge vollständig gleichmäßig aus dem Bett hinauszuschaukeln. Wenn er sich auf diese Weise aus dem Bett fallen ließ, blieb der Kopf, den er beim Fall scharf heben wollte, voraussichtlich unverletzt. Der Rücken schien hart zu sein; dem würde wohl bei dem Fall auf den Teppich nichts geschehen. Das größte Bedenken machte ihm die Rücksicht auf den lauten Krach, den es geben müsste und der wahrscheinlich hinter allen Türen wenn nicht Schrecken, so doch Besorgnisse erregen würde. Das musste aber gewagt werden.

Als Gregor schon zur Hälfte aus dem Bette ragte – die neue Methode war mehr ein Spiel als eine Anstrengung, er brauchte immer nur ruckweise zu schaukeln –, fiel ihm ein, wie einfach alles wäre, wenn man ihm zu Hilfe käme. Zwei starke Leute – er dachte an seinen Vater und das Dienstmädchen – hätten vollständig genügt, sie hätten ihre Arme nur unter seinen gewölbten Rücken schieben, ihn so aus dem Bett schälen, sich mit der Last niederbeugen und dann bloß vorsichtig dulden müssen, dass er den Überschwung auf dem Fußboden vollzog, wo dann die Beinchen hoffentlich einen Sinn bekommen würden. Nun, ganz abgesehen davon, dass die Türen versperrt waren, hätte er wirklich um Hilfe rufen sollen? Trotz aller Not konnte er bei diesem Gedanken ein Lächeln nicht unterdrücken.

Schon war er so weit, dass er bei stärkerem Schaukeln kaum das Gleichgewicht noch erhielt, und sehr bald musste er sich nun endgültig entscheiden, denn es war in fünf Minuten einviertel acht, – als es an der Wohnungstür läutete. „Das ist jemand aus dem Geschäft“, sagte er sich und erstarrte fast, während seine Beinchen nur desto eiliger tanzten. Einen Augenblick blieb alles still. „Sie öffnen nicht“, sagte sich Gregor, befangen in irgendeiner unsinnigen Hoffnung. Aber dann ging natürlich wie immer das Dienstmädchen festen Schrittes zur Tür und öffnete. Gregor brauchte nur das erste Grußwort des Besuchers zu hören und wusste schon, wer es war – der Prokurist selbst. Warum war nur Gregor dazu verurteilt, bei einer Firma zu dienen, wo man bei der kleinsten Versäumnis gleich den größten Verdacht fasste? Waren denn alle Angestellten samt und sonders Lumpen, gab es denn unter ihnen keinen treuen ergebenen Menschen, der, wenn er auch nur ein paar Morgenstunden für das Geschäft nicht ausgenützt hatte, vor Gewissensbissen närrisch wurde und geradezu nicht imstande war, das Bett zu verlassen? Genügte es wirklich nicht, einen Lehrjungen nachfragen zu lassen – wenn überhaupt diese Fragerei nötig war –, musste da der Prokurist selbst kommen, und musste dadurch der ganzen unschuldigen Familie gezeigt werden, dass die Untersuchung dieser verdächtigen Angelegenheit nur dem Verstand des Prokuristen anvertraut werden konnte? Und mehr infolge der Erregung, in welche Gregor durch diese Überlegungen versetzt wurde, als infolge eines richtigen Entschlusses, schwang er sich mit aller Macht aus dem Bett. Es gab einen lauten Schlag, aber ein eigentlicher Krach war es nicht. Ein wenig wurde der Fall durch den Teppich abgeschwächt, auch war der Rücken elastischer, als Gregor gedacht hatte, daher kam der nicht gar so auffallende dumpfe Klang. Nur den Kopf hatte er nicht vorsichtig genug gehalten und ihn angeschlagen; er drehte ihn und rieb ihn an dem Teppich vor Ärger und Schmerz.

Prokurist *(lat.-ital.)* Bevollmächtigter eines Geschäftsinhabers

„Da drin ist etwas gefallen“, sagte der Prokurist im Nebenzimmer links. Gregor suchte sich vorzustellen, ob nicht auch einmal dem Prokuristen etwas Ähnliches passieren könnte, wie heute ihm; die Möglichkeit dessen musste man doch eigentlich zugeben. Aber wie zur rohen Antwort auf diese Frage machte jetzt der Prokurist im Nebenzimmer ein paar bestimmte Schritte und ließ seine Lackstiefel knarren. Aus dem Nebenzimmer rechts flüsterte die Schwester, um Gregor zu verständigen: „Gregor, der Prokurist ist da.“ „Ich weiß“, sagte Gregor vor sich hin; aber so laut, dass es die Schwester hätte hören können, wagte er die Stimme nicht zu erheben.

„Gregor", sagte nun der Vater aus dem Nebenzimmer links, „der Herr Prokurist ist gekommen und erkundigt sich, warum du nicht mit dem Frühzug weggefahren bist. Wir wissen nicht, was wir ihm sagen sollen. Übrigens will er auch mit dir persönlich sprechen. Also bitte mach die Tür auf. Er wird die Unordnung im Zimmer zu entschuldigen schon die Güte haben." „Guten Morgen, Herr Samsa", rief der Prokurist freundlich dazwischen. „Ihm ist nicht wohl", sagte die Mutter zum Prokuristen, während der Vater noch an der Tür redete, „ihm ist nicht wohl, glauben Sie mir, Herr Prokurist. Wie würde denn Gregor sonst einen Zug versäumen! Der Junge hat ja nichts im Kopf als das Geschäft. Ich ärgere mich schon fast, dass er abends niemals ausgeht; jetzt war er doch acht Tage in der Stadt, aber jeden Abend war er zu Hause. Da sitzt er bei uns am Tisch und liest still die Zeitung oder studiert Fahrpläne. Es ist schon eine Zerstreuung für ihn, wenn er sich mit Laubsägearbeiten beschäftigt. Da hat er zum Beispiel im Laufe von zwei, drei Abenden einen kleinen Rahmen geschnitzt; Sie werden staunen, wie hübsch er ist; er hängt drin im Zimmer; Sie werden ihn gleich sehen, bis Gregor aufmacht. Ich bin übrigens glücklich, dass Sie da sind, Herr Prokurist; wir allein hätten Gregor nicht dazu gebracht, die Tür zu öffnen; er ist so hartnäckig; und bestimmt ist ihm nicht wohl, trotzdem er es am Morgen geleugnet hat." „Ich komme gleich", sagte Gregor langsam und bedächtig und rührte sich nicht, um kein Wort der Gespräche zu verlieren. „Anders, gnädige Frau, kann ich es mir auch nicht erklären", sagte der Prokurist, „hoffentlich ist es nichts Ernstes. Wenn ich auch andererseits sagen muss, dass wir Geschäftsleute – wie man will, leider oder glücklicherweise – ein leichtes Unwohlsein sehr oft aus geschäftlichen Rücksichten einfach überwinden müssen." „Also kann der Herr Prokurist schon zu dir hinein?", fragte der ungeduldige Vater und klopfte wiederum an die Tür. „Nein", sagte Gregor. Im Nebenzimmer links trat eine peinliche Stille ein, im Nebenzimmer rechts begann die Schwester zu schluchzen.

Warum ging denn die Schwester nicht zu den anderen? Sie war wohl erst jetzt aus dem Bett aufgestanden und hatte noch gar nicht angefangen sich anzuziehen. Und warum weinte sie denn? Weil er nicht aufstand und den Prokuristen nicht hereinließ, weil er in Gefahr war, den Posten zu verlieren und weil dann der Chef die Eltern mit den alten Forderungen wieder verfolgen würde? Das waren doch vorläufig wohl unnötige Sorgen. Noch war Gregor hier und dachte nicht im Geringsten daran, seine Familie zu verlassen. Augenblicklich lag er wohl da auf dem Teppich, und niemand, der seinen Zustand gekannt hätte, hätte im Ernst von ihm verlangt, dass er den Prokuristen hereinlasse. Aber wegen dieser kleinen Unhöflichkeit, für die sich ja später leicht eine passende Ausrede finden würde, konnte Gregor doch nicht gut sofort weggeschickt werden. Und Gregor schien es, dass es viel vernünftiger wäre, ihn jetzt in Ruhe zu lassen, statt ihn mit Weinen und Zureden zu stören. Aber es war eben die Ungewissheit, welche die anderen bedrängte und ihr Benehmen entschuldigte.

„Herr Samsa", rief nun der Prokurist mit erhobener Stimme, „was ist denn los? Sie verbarrikadieren sich da in Ihrem Zimmer, antworten bloß mit ja und nein, machen Ihren Eltern schwere, unnötige Sorgen und versäumen – dies nur nebenbei erwähnt – Ihre geschäftlichen Pflichten in einer eigentlich unerhörten Weise. Ich spreche hier im Namen Ihrer Eltern und Ihres Chefs und bitte Sie ganz ernsthaft um eine augenblickliche, deutliche Erklärung. Ich staune, ich staune. Ich glaubte Sie als einen ruhigen, vernünftigen Menschen zu kennen, und nun scheinen Sie plötzlich anfangen zu wollen, mit sonderbaren Launen zu paradieren. Der Chef deutete mir zwar heute früh eine mögliche Erklärung für Ihre Versäumnis an – sie betraf das Ihnen seit kurzem anvertraute Inkasso –, aber ich legte wahrhaftig fast mein Ehrenwort dafür ein, dass diese Erklärung nicht zutreffen könne. Nun aber sehe ich hier Ihren unbegreiflichen Starrsinn und verliere ganz und gar jede Lust, mich auch nur im Geringsten für Sie einzusetzen. Und Ihre Stellung ist durchaus nicht die festeste. Ich hatte ursprünglich die Absicht, Ihnen das alles unter vier Augen zu sagen, aber da Sie mich hier nutzlos meine Zeit versäumen lassen, weiß ich nicht, warum es nicht auch Ihre Herren Eltern erfahren sollen. Ihre Leistungen in der letzten Zeit waren also sehr unbefriedigend; es ist zwar nicht die Jahreszeit, um besondere Geschäfte zu machen, das erkennen wir an; aber eine Jahreszeit, um keine Geschäfte zu machen, gibt es überhaupt nicht, Herr Samsa, darf es nicht geben."

„Aber Herr Prokurist", rief Gregor außer sich und vergaß in der Aufregung alles andere, „ich mache ja sofort, augenblicklich auf. Ein leichtes Unwohlsein, ein Schwindelanfall, haben mich verhindert aufzustehen. Ich liege noch jetzt im Bett. Jetzt bin ich aber schon wieder ganz frisch. Eben steige ich aus dem Bett. Nur einen kleinen Augenblick Geduld! Es geht noch nicht so gut, wie ich dachte. Es ist mir aber schon wohl. Wie das nur einen Menschen so überfallen kann! Noch gestern Abend war mir ganz gut,

paradieren *(frz.)* sich mit etwas brüsten

Inkasso Einziehung von Geldforderungen

meine Eltern wissen es ja, oder besser, schon gestern Abend hatte ich eine kleine Vorahnung. Man hätte es mir ansehen müssen. Warum habe ich es nur im Geschäfte nicht gemeldet! Aber man denkt eben immer, dass man die Krankheit ohne Zuhausebleiben überstehen wird. Herr Prokurist! Schonen Sie meine Eltern! Für alle die Vorwürfe, die Sie mir jetzt machen, ist ja kein Grund; man hat mir ja davon auch kein Wort gesagt. Sie haben vielleicht die letzten Aufträge, die ich geschickt habe, nicht gelesen. Übrigens, noch mit dem Achtuhrzug fahre ich auf die Reise, die paar Stunden Ruhe haben mich gekräftigt. Halten Sie sich nur nicht auf, Herr Prokurist; ich bin gleich selbst im Geschäft, und haben Sie die Güte, das zu sagen und mich dem Herrn Chef zu empfehlen!" →

Und während Gregor dies alles hastig ausstieß und kaum wusste, was er sprach, hatte er sich leicht, wohl infolge der im Bett bereits erlangten Übung, dem Kasten genähert und versuchte nun, an ihm sich aufzurichten. Er wollte tatsächlich die Tür aufmachen, tatsächlich sich sehen lassen und mit dem Prokuristen sprechen; er war begierig zu erfahren, was die anderen, die jetzt so nach ihm verlangten, bei seinem Anblick sagen würden. Würden sie erschrecken, dann hatte Gregor keine Verantwortung mehr und konnte ruhig sein. Würden sie aber alles ruhig hinnehmen, dann hatte auch er keinen Grund sich aufzuregen, und konnte, wenn er sich beeilte, um acht Uhr tatsächlich auf dem Bahnhof sein. Zuerst glitt er nun einige Male von dem glatten Kasten ab, aber endlich gab er sich einen letzten Schwung und stand aufrecht da; auf die Schmerzen im Unterleib achtete er gar nicht mehr, so sehr sie auch brannten. Nun ließ er sich gegen die Rückenlehne eines nahen Stuhles fallen, an deren Rändern er sich mit seinen Beinchen festhielt. Damit hatte er aber auch die Herrschaft über sich erlangt und verstummte, denn nun konnte er den Prokuristen anhören.

„Haben Sie auch nur ein Wort verstanden?", fragte der Prokurist die Eltern, „er macht sich doch wohl nicht einen Narren aus uns?" „Um Gottes willen", rief die Mutter schon unter Weinen, „er ist vielleicht schwer krank, und wir quälen ihn. Grete! Grete!", schrie sie dann. „Mutter?", rief die Schwester von der anderen Seite. Sie verständigten sich durch Gregors Zimmer. „Du musst augenblicklich zum Arzt. Gregor ist krank. Rasch um den Arzt. Hast du Gregor jetzt reden hören?" „Das war eine Tierstimme", sagte der Prokurist, auffallend leise gegenüber dem Schreien der Mutter. „Anna! Anna!", rief der Vater durch das Vorzimmer in die Küche und klatschte in die Hände, „sofort einen Schlosser holen!" Und schon liefen die zwei Mädchen mit rauschenden Röcken durch das Vorzimmer – wie hatte sich die Schwester denn so schnell angezogen? – und rissen die Wohnungstüre auf. Man hörte gar nicht die Türe zuschlagen; sie hatten sie wohl offen gelassen, wie es in Wohnungen zu sein pflegt, in denen ein großes Unglück geschehen ist.

Gregor war aber viel ruhiger geworden. Man verstand zwar also seine Worte nicht mehr, trotzdem sie ihm genug klar, klarer als früher, vorgekommen waren, vielleicht infolge der Gewöhnung des Ohres. Aber immerhin glaubte man nun schon daran, dass es mit ihm nicht ganz in Ordnung war, und war bereit, ihm zu helfen. Die Zuversicht und Sicherheit, mit welchen die ersten Anordnungen getroffen worden waren, taten ihm wohl. Er fühlte sich wieder einbezogen in den menschlichen Kreis und erhoffte von beiden, vom Arzt und vom Schlosser, ohne sie eigentlich genau zu scheiden, großartige und überraschende Leistungen. Um für die sich nähernden entscheidenden Besprechungen eine möglichst klare Stimme zu bekommen, hustete er ein wenig ab, allerdings bemüht, dies ganz gedämpft zu tun, da möglicherweise auch schon dieses Geräusch anders als menschlicher Husten klang, was er selbst zu entscheiden sich nicht mehr getraute. Im Nebenzimmer war es inzwischen ganz still geworden. Vielleicht saßen die Eltern mit dem Prokuristen beim Tisch und tuschelten, vielleicht lehnten alle an der Türe und horchten.

Gregor schob sich langsam mit dem Sessel zur Tür hin, ließ ihn dort los, warf sich gegen die Tür, hielt sich an ihr aufrecht – die Ballen seiner Beinchen hatten ein wenig Klebstoff – und ruhte sich dort einen Augenblick lang von der Anstrengung aus. Dann aber machte er sich daran, mit dem Mund den Schlüssel im Schloss umzudrehen. Es schien leider, dass er keine eigentlichen Zähne hatte, – womit sollte er gleich den Schlüssel fassen? – aber dafür waren die Kiefer freilich sehr stark; mit ihrer Hilfe brachte er auch wirklich den Schlüssel in Bewegung und achtete nicht darauf, dass er sich zweifellos irgendeinen Schaden zufügte, denn eine braune Flüssigkeit kam ihm aus dem Mund, floss über den Schlüssel und tropfte auf den Boden. „Hören Sie nur", sagte der Prokurist im Nebenzimmer, „er dreht den Schlüssel um." Das war für Gregor eine große Aufmunterung; aber alle hätten ihm zurufen sollen, auch der Vater und die Mutter: „Frisch, Gregor", hätten sie rufen sollen, „immer nur heran, fest an das Schloss heran!" Und in der Vorstellung, dass alle seine Bemühungen mit Spannung verfolgten, verbiss er sich mit allem, was er an Kraft aufbringen konnte, besinnungslos in den Schlüssel. Je nach dem Fortschreiten der Drehung des Schlüssels umtanzte er das Schloss; hielt sich jetzt nur noch mit dem Munde aufrecht, und je nach Bedarf hing er sich an den Schlüssel oder drückte ihn dann wieder nieder mit der ganzen Last seines Körpers. Der hellere Klang des endlich zurückschnappenden Schlosses erweckte Gregor förmlich. Aufatmend sagte er sich: „Ich habe also den Schlosser nicht gebraucht“, und legte den Kopf auf die Klinke, um die Türe gänzlich zu öffnen.

Da er die Türe auf diese Weise öffnen musste, war sie eigentlich schon recht weit geöffnet, und er selbst noch nicht zu sehen. Er musste sich erst langsam um den einen Türflügel herumdrehen, und zwar sehr vorsichtig, wenn er nicht gerade vor dem Eintritt ins Zimmer plump auf den Rücken fallen wollte. Er war noch mit jener schwierigen Bewegung beschäftigt und hatte nicht Zeit, auf anderes zu achten, da hörte er schon den Prokuristen ein lautes „Oh!“ ausstoßen – es klang, wie wenn der Wind saust – und nun sah er ihn auch, wie er, der der Nächste an der Türe war, die Hand gegen den offenen Mund drückte und langsam zurückwich, als vertreibe ihn eine unsichtbare gleichmäßig fortwirkende Kraft. Die Mutter – sie stand hier trotz der Anwesenheit des Prokuristen mit von der Nacht her noch aufgelösten, hoch sich sträubenden Haaren – sah zuerst mit gefalteten Händen den Vater an, ging dann zwei Schritte zu Gregor hin und fiel inmitten ihrer rings um sie herum sich ausbreitenden Röcke nieder, das Gesicht ganz unauffindbar zu ihrer Brust gesenkt. Der Vater ballte mit feindseligem Ausdruck die Faust, als wolle er Gregor in sein Zimmer zurückstoßen, sah sich dann unsicher im Wohnzimmer um, beschattete dann mit den Händen die Augen und weinte, dass sich seine mächtige Brust schüttelte.

Gregor trat nun gar nicht in das Zimmer, sondern lehnte sich von innen an den fest geriegelten Türflügel, sodass sein Leib nur zur Hälfte und darüber der seitlich geneigte Kopf zu sehen war, mit dem er zu den anderen hinüberlugte. Es war inzwischen viel heller geworden; klar stand auf der anderen Straßenseite ein Ausschnitt des gegenüberliegenden, endlosen, grauschwarzen Hauses – es war ein Krankenhaus – mit seinen hart die Front durchbrechenden regelmäßigen Fenstern; der Regen fiel noch nieder, aber nur mit großen, einzeln sichtbaren und förmlich auch einzelnweise auf die Erde hinuntergeworfenen Tropfen. Das Frühstücksgeschirr stand in überreicher Zahl auf dem Tisch, denn für den Vater war das Frühstück die wichtigste Mahlzeit des Tages, die er bei der Lektüre verschiedener Zeitungen stundenlang hinzog. Gerade an der gegenüberliegenden Wand hing eine Photographie Gregors aus seiner Militärzeit, die ihn als Leutnant darstellte, wie er, die Hand am Degen, sorglos lächelnd, Respekt für seine Haltung und Uniform verlangte. Die Tür zum Vorzimmer war geöffnet, und man sah, da auch die Wohnungstür offen war, auf den Vorplatz der Wohnung hinaus und auf den Beginn der abwärts führenden Treppe.

„Nun“, sagte Gregor und war sich dessen wohl bewusst, dass er der Einzige war, der die Ruhe bewahrt hatte, „ich werde mich gleich anziehen, die Kollektion zusammenpacken und wegfahren. Wollt Ihr, wollt Ihr mich wegfahren lassen? Nun, Herr Prokurist, Sie sehen, ich bin nicht starrköpfig und ich arbeite gern; das Reisen ist beschwerlich, aber ich könnte ohne das Reisen nicht leben. Wohin gehen Sie denn, Herr Prokurist? Ins Geschäft? Ja? Werden Sie alles wahrheitsgetreu berichten? Man kann im Augenblick unfähig sein zu arbeiten, aber dann ist gerade der richtige Zeitpunkt, sich an die früheren Leistungen zu erinnern und zu bedenken, dass man später, nach Beseitigung des Hindernisses, gewiss desto fleißiger und gesammelter arbeiten wird. Ich bin ja dem Herrn Chef so sehr verpflichtet, das wissen Sie doch recht gut. Andererseits habe ich die Sorge um meine Eltern und die Schwester. Ich bin in der Klemme, ich werde mich aber auch wieder herausarbeiten. Machen Sie es mir aber nicht schwieriger, als es schon ist. Halten Sie im Geschäft meine Partei! Man liebt den Reisenden nicht, ich weiß. Man denkt, er verdient ein Heidengeld und führt dabei ein schönes Leben. Man hat eben keine besondere Veranlassung, dieses Vorurteil besser zu durchdenken. Sie aber, Herr Prokurist, Sie haben einen besseren Überblick über die Verhältnisse als das sonstige Personal, ja sogar, ganz im Vertrauen gesagt, einen besseren Überblick als der Herr Chef selbst, der in seiner Eigenschaft als Unternehmer sich in seinem Urteil leicht zuungunsten eines Angestellten beirren lässt. Sie wissen auch sehr wohl, dass der Reisende, der fast das ganze Jahr außerhalb des Geschäftes ist, so leicht ein Opfer von Klatschereien, Zufälligkeiten und grundlosen Beschwerden werden kann, gegen die sich zu wehren ihm ganz unmöglich ist, da er von ihnen meistens gar nichts erfährt und nur dann, wenn er erschöpft eine Reise beendet hat, zu Hause die schlimmen, auf ihre Ursachen hin nicht mehr zu durchschauenden Folgen am eigenen Leibe zu spüren bekommt. Herr Prokurist, gehen Sie nicht weg, ohne mir ein Wort gesagt zu haben, das mir zeigt, dass Sie mir wenigstens zu einem kleinen Teil Recht geben!“

Aber der Prokurist hatte sich schon bei den ersten Worten Gregors abgewendet, und nur über die zuckende Schulter hinweg sah er mit aufgeworfenen Lippen nach Gregor zurück. Und während Gregors Rede stand er keinen Augenblick still, sondern verzog

aufgeworfene Lippen geschürzte Lippen

sich, ohne Gregor aus den Augen zu lassen, gegen die Tür, aber ganz allmählich, als bestehe ein geheimes Verbot, das Zimmer zu verlassen. Schon war er im Vorzimmer, und nach der plötzlichen Bewegung, mit der er zum letzten Mal den Fuß aus dem Wohnzimmer zog, hätte man glauben können, er habe sich soeben die Sohle verbrannt. Im Vorzimmer aber streckte er die rechte Hand weit von sich zur Treppe hin, als warte dort auf ihn eine geradezu überirdische Erlösung.

Gregor sah ein, dass er den Prokuristen in dieser Stimmung auf keinen Fall weggehen lassen dürfe, wenn dadurch seine Stellung im Geschäft nicht aufs Äußerste gefährdet werden sollte. Die Eltern verstanden das alles nicht so gut; sie hatten sich in den langen Jahren die Überzeugung gebildet, dass Gregor in diesem Geschäft für sein Leben versorgt war, und hatten außerdem jetzt mit den augenblicklichen Sorgen so viel zu tun, dass ihnen jede Voraussicht abhanden gekommen war. Aber Gregor hatte diese Voraussicht. Der Prokurist musste gehalten, beruhigt, überzeugt und schließlich gewonnen werden; die Zukunft Gregors und seiner Familie hing doch davon ab! Wäre doch die Schwester hier gewesen! Sie war klug; sie hatte schon geweint, als Gregor noch ruhig auf dem Rücken lag. Und gewiss hätte der Prokurist, dieser Damenfreund, sich von ihr lenken lassen; sie hätte die Wohnungstür zugemacht und ihm im Vorzimmer den Schrecken ausgeredet. Aber die Schwester war eben nicht da, Gregor selbst musste handeln. Und ohne daran zu denken, dass er seine gegenwärtigen Fähigkeiten, sich zu bewegen, noch gar nicht kannte, ohne auch daran zu denken, dass seine Rede möglicher- ja wahrscheinlicherweise wieder nicht verstanden worden war, verließ er den Türflügel; schob sich durch die Öffnung; wollte zum Prokuristen hingehen, der sich schon am Geländer des Vorplatzes lächerlicherweise mit beiden Händen festhielt; fiel aber sofort, nach einem Halt suchend, mit einem kleinen Schrei auf seine vielen Beinchen nieder. Kaum war das geschehen, fühlte er zum ersten Mal an diesem Morgen ein körperliches Wohlbehagen; die Beinchen hatten festen Boden unter sich; sie gehorchten vollkommen, wie er zu seiner Freude merkte; strebten sogar darnach, ihn fortzutragen, wohin er wollte; und schon glaubte er, die endgültige Besserung alles Leidens stehe unmittelbar bevor. Aber im gleichen Augenblick, als er da schaukelnd vor verhaltener Bewegung, gar nicht weit von seiner Mutter entfernt, ihr gerade gegenüber auf dem Boden lag, sprang diese, die doch so ganz in sich versunken schien, mit einem Male in die Höhe, die Arme weit ausgestreckt, die Finger gespreizt, rief: „Hilfe, um Gottes willen Hilfe!“, hielt den Kopf geneigt, als wolle sie Gregor besser sehen, lief aber, im Widerspruch dazu, sinnlos zurück; hatte vergessen, dass hinter ihr der gedeckte Tisch stand; setzte sich, als sie bei ihm angekommen war, wie in Zerstreutheit, eilig auf ihn; und schien gar nicht zu merken, dass neben ihr aus der umgeworfenen großen Kanne der Kaffee in vollem Strome auf den Teppich sich ergoss.

„Mutter, Mutter“, sagte Gregor leise, und sah zu ihr hinauf. Der Prokurist war ihm für einen Augenblick ganz aus dem Sinn gekommen; dagegen konnte er sich nicht versagen, im Anblick des fließenden Kaffees mehrmals mit den Kiefern ins Leere zu schnappen. Darüber schrie die Mutter neuerdings auf, flüchtete vom Tisch und fiel dem ihr entgegeneilenden Vater in die Arme. Aber Gregor hatte jetzt keine Zeit für seine Eltern; der Prokurist war schon auf der Treppe; das Kinn auf dem Geländer, sah er noch zum letzten Male zurück. Gregor nahm einen Anlauf, um ihn möglichst sicher einzuholen; der Prokurist musste etwas ahnen, denn er machte einen Sprung über mehrere Stufen und verschwand; „Huh!“, aber schrie er noch, es klang durchs ganze Treppenhaus. Leider schien nun auch diese Flucht des Prokuristen den Vater, der bisher verhältnismäßig gefasst gewesen war, völlig zu verwirren, denn statt selbst dem Prokuristen nachzulaufen oder wenigstens Gregor in der Verfolgung nicht zu hindern, packte er mit der Rechten den Stock des Prokuristen, den dieser mit Hut und Überzieher auf einem Sessel zurückgelassen hatte, holte mit der Linken eine große Zeitung vom Tisch und machte sich unter Füßestampfen daran, Gregor durch Schwenken des Stockes und der Zeitung in sein Zimmer zurückzutreiben. Kein Bitten Gregors half, kein Bitten wurde auch verstanden, er mochte den Kopf noch so demütig drehen, der Vater stampfte nur stärker mit den Füßen. Drüben hatte die Mutter trotz des kühlen Wetters ein Fenster aufgerissen, und hinausgelehnt drückte sie ihr Gesicht weit außerhalb des Fensters in ihre Hände. Zwischen Gasse und Treppenhaus entstand eine starke Zugluft, die Fenstervorhänge flogen auf, die Zeitungen auf dem Tische rauschten, einzelne Blätter wehten über den Boden hin. Unerbittlich drängte der Vater und stieß Zischlaute aus, wie ein Wilder. Nun hatte aber Gregor noch gar keine Übung im Rückwärtsgehen, es ging wirklich sehr langsam. Wenn sich Gregor nur hätte umdrehen dürfen, er wäre gleich in seinem Zimmer gewesen, aber er fürchtete sich, den Vater durch die zeitraubende Umdrehung ungeduldig zu machen, und jeden Augenblick drohte ihm doch von dem Stock in des Vaters Hand der tödliche Schlag auf den Rücken oder auf den Kopf. Endlich aber blieb Gregor doch nichts anderes übrig, denn er merkte mit Entsetzen, dass er im Rückwärtsgehen nicht einmal die Richtung einzuhalten verstand; und so begann er, unter unaufhörlichen ängstlichen Seitenblicken nach dem Vater, sich nach Möglichkeit rasch, in Wirklichkeit aber doch nur sehr langsam umzudrehen. Vielleicht merkte der Vater seinen guten Willen, denn er störte ihn hierbei nicht, sondern dirigierte sogar hie und da die Drehbewegung von der Ferne mit der Spitze seines Stockes. Wenn nur nicht dieses unerträgliche Zischen des Vaters gewesen wäre! Gregor verlor darüber ganz den Kopf. Er war schon fast ganz umgedreht, als er sich, immer auf dieses Zeichen horchend, sogar irrte und sich wieder ein Stück zurückdrehte. Als er aber endlich glücklich mit dem Kopf vor der Türöffnung war, zeigte es sich, dass sein Körper zu breit war, um ohne weiteres durchzukommen. Dem Vater fiel es natürlich in seiner gegenwärtigen Verfassung auch nicht entfernt ein, etwa den anderen Türflügel zu öffnen, um für Gregor einen genügenden Durchgang zu schaffen. Seine fixe Idee war bloß, dass Gregor so rasch als möglich in sein Zimmer müsse. Niemals hätte er auch die umständlichen Vorbereitungen gestattet, die Gregor brauchte, um sich aufzurichten und vielleicht auf diese Weise durch die Tür zu kommen. Vielmehr trieb er, als gäbe es kein Hindernis, Gregor jetzt unter besonderem Lärm vorwärts, es klang schon hinter Gregor gar nicht mehr wie die Stimme bloß eines einzigen Vaters; nun gab es wirklich keinen Spaß mehr, und Gregor drängte sich – geschehe was wolle – in die Tür. Die eine Seite seines Körpers hob sich, er lag schief in der Türöffnung, seine eine Flanke war ganz wund gerieben, an der weißen Tür blieben hässliche Flecken, bald steckte er fest und hätte sich allein nicht mehr rühren können, die Beinchen auf der einen Seite hingen zitternd oben in der Luft, die auf der anderen waren schmerzhaft zu Boden gedrückt – da gab ihm der Vater von hinten einen jetzt wahrhaftig erlösenden starken Stoß, und er flog, heftig blutend, weit in sein Zimmer hinein. Die Tür wurde noch mit dem Stock zugeschlagen, dann war es endlich still.

fixe Idee
Zwangsvorstellung

II.

Erst in der Abenddämmerung erwachte Gregor aus seinem schweren ohnmachtsähnlichen Schlaf. Er wäre gewiss nicht viel später auch ohne Störung erwacht, denn er fühlte sich genügend ausgeruht und ausgeschlafen, doch schien es ihm, als hätte ihn ein flüchtiger Schritt und ein vorsichtiges Schließen der zum Vorzimmer führenden Tür geweckt. Der Schein der elektrischen Straßenlampen lag bleich hier und da auf der Zimmerdecke und auf den höheren Teilen der Möbel, aber unten bei Gregor war es finster.

Langsam schob er sich, noch ungeschickt mit seinen Fühlern tastend, die er erst jetzt schätzen lernte, zur Türe hin, um nachzusehen, was dort geschehen war. Seine linke Seite schien eine einzige lange, unangenehm spannende Narbe und er musste auf seinen zwei Beinreihen regelrecht hinken. Ein Beinchen war übrigens im Laufe der vormittägigen Vorfälle schwer verletzt worden – es war fast ein Wunder, dass nur eines verletzt worden war – und schleppte leblos nach.

Erst bei der Tür merkte er, was ihn dorthin eigentlich gelockt hatte; es war der Geruch von etwas Essbarem gewesen. Denn dort stand ein Napf mit süßer Milch gefüllt, in der kleine Schnitten von Weißbrot schwammen. Fast hätte er vor Freude gelacht, denn er hatte noch größeren Hunger als am Morgen, und gleich tauchte er seinen Kopf fast bis über die Augen in die Milch hinein. Aber bald zog er ihn enttäuscht wieder zurück; nicht nur, dass ihm das Essen wegen seiner heiklen linken Seite Schwierigkeiten machte – und er konnte nur essen, wenn der ganze Körper schnaufend mitarbeitete –, so schmeckte ihm überdies die Milch, die sonst sein Lieblingsgetränk war, und die ihm gewiss die Schwester deshalb hereingestellt hatte, gar nicht, ja er wandte sich fast mit Widerwillen von dem Napf ab und kroch in die Zimmermitte zurück.

Im Wohnzimmer war, wie Gregor durch die Türspalte sah, das Gas angezündet, aber während sonst zu dieser Tageszeit der Vater seine nachmittags erscheinende Zeitung der Mutter und manchmal auch der Schwester mit erhobener Stimme vorzulesen pflegte, hörte man jetzt keinen Laut. Nun vielleicht war dieses Vorlesen, von dem ihm die Schwester immer erzählte und schrieb, in der letzten Zeit überhaupt aus der Übung gekommen. Aber auch ringsherum war es so still, trotzdem doch gewiss die Wohnung nicht leer war. „Was für ein stilles Leben die Familie doch führte", sagte sich Gregor und fühlte, während er starr vor sich ins Dunkle sah, einen großen Stolz darüber, dass er seinen Eltern und seiner Schwester ein solches Leben in einer so schönen Wohnung hatte verschaffen können. Wie aber, wenn jetzt alle Ruhe, aller Wohlstand, alle Zufriedenheit ein Ende mit Schrecken nehmen sollte? Um sich nicht in solche Gedanken zu verlieren, setzte sich Gregor lieber in Bewegung und kroch im Zimmer auf und ab.

Einmal während des langen Abends wurde die eine Seitentüre und einmal die andere bis zu einer kleinen Spalte geöffnet und rasch wieder geschlossen; jemand hatte wohl das Bedürfnis hereinzukommen, aber auch wieder zu viele Bedenken. Gregor machte nun unmittelbar bei der Wohnzimmertür Halt, entschlossen, den zögernden Besucher doch irgendwie hereinzubringen oder doch wenigstens zu erfahren, wer es sei; aber nun wurde die Tür nicht mehr geöffnet und Gregor wartete vergebens. Früh, als die Türen versperrt waren, hatten alle zu ihm hereinkommen wollen, jetzt, da er die eine Tür geöffnet hatte und die anderen offenbar während des Tages geöffnet worden waren, kam keiner mehr, und die Schlüssel steckten nun auch von außen.

Spät erst in der Nacht wurde das Licht im Wohnzimmer ausgelöscht, und nun war leicht festzustellen, dass die Eltern und die Schwester so lange wach geblieben waren, denn wie man genau hören konnte, entfernten sich jetzt alle drei auf den Fußspitzen. Nun kam gewiss bis zum Morgen niemand mehr zu Gregor herein; er hatte also eine lange Zeit, um ungestört zu überlegen, wie er sein Leben jetzt neu ordnen sollte. Aber das hohe freie Zimmer, in dem er gezwungen war, flach auf dem Boden zu liegen, ängstigte ihn, ohne dass er die Ursache herausfinden konnte, denn es war ja sein seit fünf Jahren von ihm bewohntes Zimmer – und mit einer halb unbewussten Wendung und nicht ohne eine leichte Scham eilte er unter das Kanapee, wo er sich, trotzdem sein Rücken ein wenig gedrückt wurde und trotzdem er den Kopf nicht mehr erheben konnte, gleich sehr behaglich fühlte und nur bedauerte, dass sein Körper zu breit war, um vollständig unter dem Kanapee untergebracht zu werden.

Kanapee *(frz.)* Sofa mit Rücken- und Seitenlehnen

Dort blieb er die ganze Nacht, die er zum Teil im Halbschlaf, aus dem ihn der Hunger immer wieder aufschreckte, verbrachte, zum Teil aber in Sorgen und undeutlichen Hoffnungen, die aber alle zu dem Schlusse führten, dass er sich vorläufig ruhig verhalten und durch Geduld und größte Rücksichtnahme der Familie die Unannehmlichkeiten erträglich machen müsse, die er ihr in seinem gegenwärtigen Zustand nun einmal zu verursachen gezwungen war.

Schon am frühen Morgen, es war fast noch Nacht, hatte Gregor Gelegenheit, die Kraft seiner eben gefassten Entschlüsse zu prüfen, denn vom Vorzimmer her öffnete die Schwester, fast völlig angezogen, die Tür und sah mit Spannung herein. Sie fand ihn nicht gleich, aber als sie ihn unter dem Kanapee bemerkte – Gott, er musste doch irgendwo sein, er hatte doch nicht wegfliegen können – erschrak sie so sehr, dass sie, ohne sich beherrschen zu können, die Tür von außen wieder zuschlug. Aber als bereue sie ihr Benehmen, öffnete sie die Tür sofort wieder und trat, als sei sie bei einem Schwerkranken oder gar bei einem Fremden, auf den Fußspitzen herein. Gregor hatte den Kopf bis knapp zum Rande des Kanapees vorgeschoben und beobachtete sie. Ob sie wohl bemerken würde, dass er die Milch stehen gelassen hatte, und zwar keineswegs aus Mangel an Hunger, und ob sie eine andere Speise hereinbringen würde, die ihm besser entsprach? Täte sie es nicht von selbst, er wollte lieber verhungern, als sie darauf aufmerksam machen, trotzdem es ihn eigentlich ungeheuer drängte, unterm Kanapee vorzuschießen, sich der Schwester zu Füßen zu werfen und sie um irgendetwas Gutes zum Essen zu bitten. Aber die Schwester bemerkte sofort mit Verwunderung den noch vollen Napf, aus dem nur ein wenig Milch ringsherum verschüttet war, sie hob ihn gleich auf, zwar nicht mit den bloßen Händen, sondern mit einem Fetzen, und trug ihn hinaus. Gregor war äußerst neugierig, was sie zum Ersatze bringen würde, und er machte sich die verschiedensten Gedanken darüber. Niemals aber hätte er erraten können, was die Schwester in ihrer Güte wirklich tat. Sie brachte ihm, um seinen Geschmack zu prüfen, eine ganze Auswahl, alles auf einer alten Zeitung ausgebreitet. Da war altes halb verfaultes Gemüse; Knochen vom Nachtmahl her, die von festgewordener weißer Sauce umgeben waren; ein paar Rosinen und Mandeln; ein Käse, den Gregor vor zwei Tagen für ungenießbar erklärt hatte; ein trockenes Brot, ein mit Butter beschmiertes Brot und ein mit Butter beschmiertes und gesalzenes Brot. Außerdem stellte sie zu dem allen noch den wahrscheinlich ein für allemal für Gregor bestimmten Napf, in den sie Wasser gegossen hatte. Und aus Zartgefühl, da sie wusste, dass Gregor vor ihr nicht essen würde, entfernte sie sich eiligst und drehte sogar den Schlüssel um, damit nur Gregor merken könne, dass er es sich so behaglich machen dürfe, wie er wolle. Gregors Beinchen schwirrten, als es jetzt zum Essen ging. Seine Wunden mussten übrigens auch schon vollständig geheilt sein, er fühlte keine Behinderung mehr, er staunte darüber und dachte daran, wie er vor mehr als einem Monat sich mit dem Messer ganz wenig in den Finger geschnitten, und wie ihm diese Wunde noch vorgestern genug wehgetan hatte. „Sollte ich jetzt weniger Feingefühl haben?“, dachte er und saugte schon gierig an dem Käse, zu dem es ihn vor allen anderen Speisen sofort und nachdrücklich gezogen hatte. Rasch hintereinander und mit vor Befriedigung tränenden Augen verzehrte er den Käse, das Gemüse und die Sauce; die frischen Speisen dagegen schmeckten ihm nicht, er konnte nicht einmal ihren Geruch vertragen und schleppte sogar die Sachen, die er essen wollte, ein Stückchen weiter weg. Er war schon längst mit allem fertig und lag nur noch faul auf der gleichen Stelle, als die Schwester zum Zeichen, dass er sich zurückziehen solle, langsam den Schlüssel umdrehte. Das schreckte ihn sofort auf, trotzdem er schon fast schlummerte, und er eilte wieder unter das Kanapee. Aber es kostete ihn große

Selbstüberwindung, auch nur die kurze Zeit, während welcher die Schwester im Zimmer war, unter dem Kanapee zu bleiben, denn von dem reichlichen Essen hatte sich sein Leib ein wenig gerundet und er konnte dort in der Enge kaum atmen. Unter kleinen Erstickungsanfällen sah er mit etwas hervorgequollenen Augen zu, wie die nichts ahnende Schwester mit einem Besen nicht nur die Überbleibsel zusammenkehrte, sondern selbst die von Gregor gar nicht berührten Speisen, als seien also auch diese nicht mehr zu gebrauchen, und wie sie alles hastig in einen Kübel schüttete, den sie mit einem Holzdeckel schloss, worauf sie alles hinaustrug. Kaum hatte sie sich umgedreht, zog sich schon Gregor unter dem Kanapee hervor und streckte und blähte sich.

Auf diese Weise bekam nun Gregor täglich sein Essen, einmal am Morgen, wenn die Eltern und das Dienstmädchen noch schliefen, das zweite Mal nach dem allgemeinen Mittagessen, denn dann schliefen die Eltern gleichfalls noch ein Weilchen, und das Dienstmädchen wurde von der Schwester mit irgendeiner Besorgung weggeschickt. Gewiss wollten auch sie nicht, dass Gregor verhungere, aber vielleicht hätten sie es nicht ertragen können, von seinem Essen mehr als durch Hörensagen zu erfahren, vielleicht wollte die Schwester ihnen auch eine möglicherweise nur kleine Trauer ersparen, denn tatsächlich litten sie ja gerade genug.

Mit welchen Ausreden man an jenem ersten Vormittag den Arzt und den Schlosser wieder aus der Wohnung geschafft hatte, konnte Gregor gar nicht erfahren, denn da er nicht verstanden wurde, dachte niemand daran, auch die Schwester nicht, dass er die anderen verstehen könne, und so musste er sich, wenn die Schwester in seinem Zimmer war, damit begnügen, nur hier und da ihre Seufzer und Anrufe der Heiligen zu hören. Erst später, als sie sich ein wenig an alles gewöhnt hatte – von vollständiger Gewöhnung konnte natürlich niemals die Rede sein –, erhaschte Gregor manchmal eine Bemerkung, die freundlich gemeint war oder so gedeutet werden konnte. „Heute hat es ihm aber geschmeckt“, sagte sie, wenn Gregor unter dem Essen tüchtig aufgeräumt hatte, während sie im gegenteiligen Fall, der sich allmählich immer häufiger wiederholte, fast traurig zu sagen pflegte: „Nun ist wieder alles stehen geblieben.“

Während aber Gregor unmittelbar keine Neuigkeit erfahren konnte, erhorchte er manches aus den Nebenzimmern, und wo er nur einmal Stimmen hörte, lief er gleich zu der betreffenden Tür und drückte sich mit ganzem Leib an sie. Besonders in der ersten Zeit gab es kein Gespräch, das nicht irgendwie, wenn auch nur im Geheimen, von ihm handelte. Zwei Tage lang waren bei allen

Mahlzeiten Beratungen darüber zu hören, wie man sich jetzt verhalten solle; aber auch zwischen den Mahlzeiten sprach man über das gleiche Thema, denn immer waren zumindest zwei Familienmitglieder zu Hause, da wohl niemand allein zu Hause bleiben wollte und man die Wohnung doch auf keinen Fall gänzlich verlassen konnte. Auch hatte das Dienstmädchen gleich am ersten Tag – es war nicht ganz klar, was und wie viel sie von dem Vorgefallenen wusste – kniefällig die Mutter gebeten, sie sofort zu entlassen, und als sie sich eine Viertelstunde danach verabschiedete, dankte sie für die Entlassung unter Tränen, wie für die größte Wohltat, die man ihr hier erwiesen hatte, und gab, ohne dass man es von ihr verlangte, einen fürchterlichen Schwur ab, niemandem auch nur das Geringste zu verraten.

kniefällig demütig, flehentlich

Nun musste die Schwester im Verein mit der Mutter auch kochen; allerdings machte das nicht viel Mühe, denn man aß fast nichts. Immer wieder hörte Gregor, wie der eine den anderen vergebens zum Essen aufforderte und keine andere Antwort bekam, als: „Danke, ich habe genug“ oder etwas Ähnliches. Getrunken wurde vielleicht auch nichts. Öfters fragte die Schwester den Vater, ob er Bier haben wolle, und herzlich erbot sie sich, es selbst zu holen, und als der Vater schwieg, sagte sie, um ihm jedes Bedenken zu nehmen, sie könne auch die Hausmeisterin darum schicken, aber dann sagte der Vater schließlich ein großes „Nein“, und es wurde nicht mehr davon gesprochen.

Schon im Laufe des ersten Tages legte der Vater die ganzen Vermögensverhältnisse und Aussichten sowohl der Mutter, als auch der Schwester dar. Hie und da stand er vom Tische auf und holte ← aus seiner kleinen Wertheimkassa, die er aus dem vor fünf Jahren erfolgten Zusammenbruch seines Geschäftes gerettet hatte, ← irgendeinen Beleg oder irgendein Vormerkbuch. Man hörte, wie er das komplizierte Schloss aufsperrte und nach Entnahme des Gesuchten wieder verschloss. Diese Erklärungen des Vaters waren zum Teil das erste Erfreuliche, was Gregor seit seiner Gefangenschaft zu hören bekam. Er war der Meinung gewesen, dass dem Vater von jenem Geschäft her nicht das Geringste übrig geblieben war, zumindest hatte ihm der Vater nichts Gegenteiliges gesagt, und Gregor allerdings hatte ihn auch nicht darum gefragt. Gregors Sorge war damals nur gewesen, alles daranzusetzen, um die Familie das geschäftliche Unglück, das alle in eine vollständige Hoffnungslosigkeit gebracht hatte, möglichst rasch vergessen zu lassen. Und so hatte er damals mit ganz besonderem Feuer zu arbeiten angefangen und war fast über Nacht aus einem kleinen Kommis ein Reisender geworden, der natürlich ganz andere

Kommis *(frz.)* veraltet für Handlungsgehilfe

Möglichkeiten des Geldverdienens hatte, und dessen Arbeitserfolge sich sofort in Form der Provision zu Bargeld verwandelten, das der erstaunten und beglückten Familie zu Hause auf den Tisch gelegt werden konnte. Es waren schöne Zeiten gewesen, und niemals nachher hatten sie sich, wenigstens in diesem Glanze, wiederholt, trotzdem Gregor später so viel Geld verdiente, dass er den Aufwand der ganzen Familie zu tragen imstande war und auch trug. Man hatte sich eben daran gewöhnt, sowohl die Familie, als auch Gregor, man nahm das Geld dankbar an, er lieferte es gern ab, aber eine besondere Wärme wollte sich nicht mehr ergeben. Nur die Schwester war Gregor doch noch nahe geblieben, und es war sein geheimer Plan, sie, die zum Unterschied von Gregor Musik sehr liebte und rührend Violine zu spielen verstand, nächstes Jahr, ohne Rücksicht auf die großen Kosten, die das verursachen musste, und die man schon auf andere Weise hereinbringen würde, auf das Konservatorium zu schicken. Öfters während der kurzen Aufenthalte Gregors in der Stadt wurde in den Gesprächen mit der Schwester das Konservatorium erwähnt, aber immer nur als schöner Traum, an dessen Verwirklichung nicht zu denken war, und die Eltern hörten nicht einmal diese unschuldigen Erwähnungen gern; aber Gregor dachte sehr bestimmt daran und beabsichtigte, es am Weihnachtsabend feierlich zu erklären. Solche in seinem gegenwärtigen Zustand ganz nutzlose Gedanken gingen ihm durch den Kopf, während er dort aufrecht an der Türe klebte und horchte. Manchmal konnte er vor allgemeiner Müdigkeit gar nicht mehr zuhören und ließ den Kopf nachlässig gegen die Tür schlagen, hielt ihn aber sofort wieder fest, denn selbst das kleine Geräusch, das er damit verursacht hatte, war nebenan gehört worden und hatte alle verstummen lassen. „Was er nur wieder treibt“, sagte der Vater nach einer Weile, offenbar zur Türe hingewendet, und dann erst wurde das unterbrochene Gespräch allmählich wieder aufgenommen.

Violine *(ital.)* Geige

Gregor erfuhr nun zur Genüge – denn der Vater pflegte sich in seinen Erklärungen öfters zu wiederholen, teils, weil er selbst sich mit diesen Dingen schon lange nicht beschäftigt hatte, teils auch, weil die Mutter nicht alles gleich beim ersten Mal verstand –, dass trotz allen Unglücks ein allerdings ganz kleines Vermögen aus der alten Zeit noch vorhanden war, das die nicht angerührten Zinsen in der Zwischenzeit ein wenig hatten anwachsen lassen. Außerdem aber war das Geld, das Gregor allmonatlich nach Hause gebracht hatte – er selbst hatte nur ein paar Gulden für sich behalten –, nicht vollständig aufgebraucht worden und hatte sich zu einem kleinen Kapital angesammelt. Gregor, hinter seiner Türe,

Gulden Währung der österreichisch-ungarischen Monarchie

nickte eifrig, erfreut über diese unerwartete Vorsicht und Sparsamkeit. Eigentlich hätte er ja mit diesen überschüssigen Geldern die Schuld des Vaters gegenüber dem Chef weiter abgetragen haben können, und jener Tag, an dem er diesen Posten hätte loswerden können, wäre weit näher gewesen, aber jetzt war es zweifellos besser so, wie es der Vater eingerichtet hatte.

Nun genügte dieses Geld aber ganz und gar nicht, um die Familie etwa von den Zinsen leben zu lassen; es genügte vielleicht, um die Familie ein, höchstens zwei Jahre zu erhalten, mehr war es nicht. Es war also bloß eine Summe, die man eigentlich nicht angreifen durfte, und die für den Notfall zurückgelegt werden musste; das Geld zum Leben aber musste man verdienen. Nun war aber der Vater ein zwar gesunder, aber alter Mann, der schon fünf Jahre nichts gearbeitet hatte und sich jedenfalls nicht viel zutrauen durfte; er hatte in diesen fünf Jahren, welche die ersten Ferien seines mühevollen und doch erfolglosen Lebens waren, viel Fett angesetzt und war dadurch recht schwerfällig geworden. Und die alte Mutter sollte nun vielleicht Geld verdienen, die an Asthma litt, der eine Wanderung durch die Wohnung schon Anstrengung verursachte, und die jeden zweiten Tag in Atembeschwerden auf dem Sopha beim offenen Fenster verbrachte? Und die Schwester sollte Geld verdienen, die noch ein Kind war mit ihren siebzehn Jahren, und der ihre bisherige Lebensweise so sehr zu gönnen war, die daraus bestanden hatte, sich nett zu kleiden, lange zu schlafen, in der Wirtschaft mitzuhelfen, an ein paar bescheidenen Vergnügungen sich zu beteiligen und vor allem Violine zu spielen? Wenn die Rede auf diese Notwendigkeit des Geldverdienens kam, ließ zuerst immer Gregor die Türe los und warf sich auf das neben der Tür befindliche kühle Ledersopha, denn ihm war ganz heiß vor Beschämung und Trauer.

Asthma *(griech.)* anfallweise auftretende Atemnot

Oft lag er dort die ganzen langen Nächte über, schlief keinen Augenblick und scharrte nur stundenlang auf dem Leder. Oder er scheute nicht die große Mühe, einen Sessel zum Fenster zu schieben, dann die Fensterbrüstung hinaufzukriechen und, in den Sessel gestemmt, sich ans Fenster zu lehnen, offenbar nur in irgendeiner Erinnerung an das Befreiende, das früher für ihn darin gelegen war, aus dem Fenster zu schauen. Denn tatsächlich sah er von Tag zu Tag die auch nur ein wenig entfernten Dinge immer undeutlicher; das gegenüberliegende Krankenhaus, dessen nur allzu häufigen Anblick er früher verflucht hatte, bekam er überhaupt nicht mehr zu Gesicht, und wenn er nicht genau gewusst hätte, dass er in der stillen, aber völlig städtischen Charlottenstraße wohnte, hätte er glauben können, von seinem Fenster aus in eine Einöde zu schauen, in welcher der graue Himmel und die graue Erde ununterscheidbar sich vereinigten. Nur zweimal hatte die aufmerksame Schwester sehen müssen, dass der Sessel beim Fenster stand, als sie schon jedes Mal, nachdem sie das Zimmer aufgeräumt hatte, den Sessel wieder genau zum Fenster hinschob, ja sogar von nun ab den inneren Fensterflügel offen ließ.

Hätte Gregor nur mit der Schwester sprechen und ihr für alles danken können, was sie für ihn machen musste, er hätte ihre Dienste leichter ertragen; so aber litt er darunter. Die Schwester suchte freilich die Peinlichkeit des Ganzen möglichst zu verwischen, und je längere Zeit verging, desto besser gelang es ihr natürlich auch, aber auch Gregor durchschaute mit der Zeit alles viel genauer. Schon ihr Eintritt war für ihn schrecklich. Kaum war sie eingetreten, lief sie, ohne sich Zeit zu nehmen, die Türe zu schließen, so sehr sie sonst darauf achtete, jedem den Anblick von Gregors Zimmer zu ersparen, geradewegs zum Fenster und riss es, als ersticke sie fast, mit hastigen Händen auf, blieb auch, selbst wenn es noch so kalt war, ein Weilchen beim Fenster und atmete tief. Mit diesem Laufen und Lärmen erschreckte sie Gregor täglich zweimal; die ganze Zeit über zitterte er unter dem Kanapee und wusste doch sehr gut, dass sie ihn gewiss gerne damit verschont hätte, wenn es ihr nur möglich gewesen wäre, sich in einem Zimmer, in dem sich Gregor befand, bei geschlossenem Fenster aufzuhalten.

Einmal, es war wohl schon ein Monat seit Gregors Verwandlung vergangen, und es war doch schon für die Schwester kein besonderer Grund mehr, über Gregors Aussehen in Erstaunen zu geraten, kam sie ein wenig früher als sonst und traf Gregor noch an, wie er, unbeweglich und so recht zum Erschrecken aufgestellt, aus dem Fenster schaute. Es wäre für Gregor nicht unerwartet gewesen, wenn sie nicht eingetreten wäre, da er sie durch seine Stellung verhinderte, sofort das Fenster zu öffnen, aber sie trat nicht nur nicht ein, sie fuhr sogar zurück und schloss die Tür; ein Fremder hätte geradezu denken können, Gregor habe ihr aufgelauert und habe sie beißen wollen. Gregor versteckte sich natürlich sofort unter dem Kanapee, aber er musste bis zum Mittag warten, ehe die Schwester wiederkam, und sie schien viel unruhiger als sonst. Er erkannte daraus, dass ihr sein Anblick noch immer unerträglich war und ihr auch weiterhin unerträglich bleiben müsse, und dass sie sich wohl sehr überwinden musste, vor dem Anblick auch nur der kleinen Partie seines Körpers nicht davonzulaufen, mit der er unter dem Kanapee hervorragte. Um ihr auch diesen Anblick zu ersparen, trug er eines Tages auf seinem Rücken – er brauchte zu dieser Arbeit vier Stunden – das Leintuch auf das Kanapee und ordnete es in einer solchen Weise an, dass er nun gänzlich verdeckt war, und dass die Schwester, selbst wenn sie sich bückte, ihn nicht sehen konnte. Wäre dieses Leintuch ihrer Meinung nach nicht nötig gewesen, dann hätte sie es ja entfernen können, denn dass es nicht zum Vergnügen Gregors gehören konnte, sich so ganz und gar abzusperren, war doch klar genug, aber sie ließ das Leintuch, so wie es war, und Gregor glaubte sogar einen dankbaren Blick erhascht zu haben, als er einmal mit dem Kopf vorsichtig das Leintuch ein wenig lüftete, um nachzusehen, wie die Schwester die neue Einrichtung aufnahm.

In den ersten vierzehn Tagen konnten es die Eltern nicht über sich bringen, zu ihm hereinzukommen, und er hörte oft, wie sie die jetzige Arbeit der Schwester völlig anerkannten, während sie sich bisher häufig über die Schwester geärgert hatten, weil sie ihnen als ein etwas nutzloses Mädchen erschienen war. Nun aber warteten oft beide, der Vater und die Mutter, vor Gregors Zimmer, während die Schwester dort aufräumte, und kaum war sie herausgekommen, musste sie ganz genau erzählen, wie es in dem Zimmer aussah, was Gregor gegessen hatte, wie er sich diesmal benommen hatte, und ob vielleicht eine kleine Besserung zu bemerken war. Die Mutter übrigens wollte verhältnismäßig bald Gregor besuchen, aber der Vater und die Schwester hielten sie zuerst mit Vernunftgründen zurück, denen Gregor sehr aufmerksam zuhörte, und die er vollständig billigte. Später aber musste man sie mit Gewalt zurückhalten, und wenn sie dann rief: „Lasst mich doch zu Gregor, er ist ja mein unglücklicher Sohn! Begreift ihr es denn nicht, dass ich zu ihm muss?“, dann dachte Gregor, dass es vielleicht doch gut wäre, wenn die Mutter hereinkäme, nicht jeden Tag natürlich, aber vielleicht einmal in der Woche; sie verstand doch alles viel besser als die Schwester, die trotz all ihrem Mute doch nur ein Kind war und im letzten Grunde vielleicht nur aus kindlichem Leichtsinn eine so schwere Aufgabe übernommen hatte.

Der Wunsch Gregors, die Mutter zu sehen, ging bald in Erfüllung. Während des Tages wollte Gregor schon aus Rücksicht auf seine Eltern sich nicht beim Fenster zeigen, kriechen konnte er aber auf den paar Quadratmetern des Fußbodens auch nicht viel, das ruhige Liegen ertrug er schon während der Nacht schwer, das Essen machte ihm bald nicht mehr das geringste Vergnügen, und so nahm er zur Zerstreuung die Gewohnheit an, kreuz und quer über Wände und Plafond zu kriechen. Besonders oben auf der Decke hing er gern; es war ganz anders, als das Liegen auf dem Fußboden; man atmete freier; ein leichtes Schwingen ging durch

Plafond *(frz.)* Decke eines Raumes

den Körper; und in der fast glücklichen Zerstreutheit, in der sich Gregor dort oben befand, konnte es geschehen, dass er zu seiner eigenen Überraschung sich losließ und auf den Boden klatschte. Aber nun hatte er natürlich seinen Körper ganz anders in der Gewalt als früher und beschädigte sich selbst bei einem so großen Falle nicht. Die Schwester nun bemerkte sofort die neue Unterhaltung, die Gregor für sich gefunden hatte – er hinterließ ja auch beim Kriechen hie und da Spuren seines Klebstoffes –, und da setzte sie es sich in den Kopf, Gregor das Kriechen in größtem Ausmaße zu ermöglichen und die Möbel, die es verhinderten, also vor allem den Kasten und den Schreibtisch, wegzuschaffen. Nun war sie aber nicht imstande, dies allein zu tun; den Vater wagte sie nicht um Hilfe zu bitten; das Dienstmädchen hätte ihr ganz gewiss nicht geholfen, denn dieses etwa sechzehnjährige Mädchen harrte zwar tapfer seit Entlassung der früheren Köchin aus, hatte aber um die Vergünstigung gebeten, die Küche unaufhörlich versperrt halten zu dürfen und nur auf besonderen Anruf öffnen zu müssen; so blieb der Schwester also nichts übrig, als einmal in Abwesenheit des Vaters die Mutter zu holen. Mit Ausrufen erregter Freude kam die Mutter auch heran, verstummte aber an der Tür vor Gregors Zimmer. Zuerst sah natürlich die Schwester nach, ob alles im Zimmer in Ordnung war; dann erst ließ sie die Mutter eintreten. Gregor hatte in größter Eile das Leintuch noch tiefer und mehr in Falten gezogen, das Ganze sah wirklich nur wie ein zufällig über das Kanapee geworfenes Leintuch aus. Gregor unterließ auch diesmal, unter dem Leintuch zu spionieren; er verzichtete darauf, die Mutter schon diesmal zu sehen, und war nur froh, dass sie nun doch gekommen war. „Komm nur, man sieht ihn nicht", sagte die Schwester, und offenbar führte sie die Mutter an der Hand. Gregor hörte nun, wie die zwei schwachen Frauen den immerhin schweren alten Kasten von seinem Platze rückten, und wie die Schwester immerfort den größten Teil der Arbeit für sich beanspruchte, ohne auf die Warnungen der Mutter zu hören, welche fürchtete, dass sie sich überanstrengen werde. Es dauerte sehr lange. Wohl nach schon viertelstündiger Arbeit sagte die Mutter, man solle den Kasten doch lieber hier lassen, denn erstens sei er zu schwer, sie würden vor Ankunft des Vaters nicht fertig werden und mit dem Kasten in der Mitte des Zimmers Gregor jeden Weg verrammeln, zweitens aber sei es doch gar nicht sicher, dass Gregor mit der Entfernung der Möbel ein Gefallen geschehe. Ihr scheine das Gegenteil der Fall zu sein; ihr bedrücke der Anblick der leeren Wand geradezu das Herz; und warum solle nicht auch Gregor diese Empfindung haben, da er doch an die Zimmermöbel längst gewöhnt sei und sich deshalb im leeren Zimmer verlassen fühlen werde. „Und ist es dann nicht so", schloss die Mutter ganz leise, wie sie überhaupt fast flüsterte, als wolle sie vermeiden, dass Gregor, dessen genauen Aufenthalt sie ja nicht kannte, auch nur den Klang der Stimme höre, denn dass er die Worte nicht verstand, davon war sie überzeugt, „und ist es nicht so, als ob wir durch die Entfernung der Möbel zeigten, dass wir jede Hoffnung auf Besserung aufgeben und ihn rücksichtslos sich selbst überlassen? Ich glaube, es wäre das Beste, wir suchen das Zimmer genau in dem Zustand zu erhalten, in dem es früher war, damit Gregor, wenn er wieder zu uns zurückkommt, alles unverändert findet und umso leichter die Zwischenzeit vergessen kann."

Beim Anhören dieser Worte der Mutter erkannte Gregor, dass der Mangel jeder unmittelbaren menschlichen Ansprache, verbunden mit dem einförmigen Leben inmitten der Familie, im Laufe dieser zwei Monate seinen Verstand hatte verwirren müssen, denn anders konnte er es sich nicht erklären, dass er ernsthaft danach hatte verlangen können, dass sein Zimmer ausgeleert würde. Hatte er wirklich Lust, das warme, mit ererbten Möbeln ← gemütlich ausgestattete Zimmer in eine Höhle verwandeln zu lassen, in der er dann freilich nach allen Richtungen ungestört würde kriechen können, jedoch auch unter gleichzeitigem, schnellen, gänzlichen Vergessen seiner menschlichen Vergangenheit? War er doch jetzt schon nahe daran, zu vergessen, und nur die seit langem nicht gehörte Stimme der Mutter hatte ihn aufgerüttelt. Nichts sollte entfernt werden; alles musste bleiben; die guten Einwirkungen der Möbel auf seinen Zustand konnte er nicht entbehren; und wenn die Möbel ihn hinderten, das sinnlose Herumkriechen zu betreiben, so war es kein Schaden, sondern ein großer Vorteil.

Aber die Schwester war leider anderer Meinung; sie hatte sich, allerdings nicht ganz unberechtigt, angewöhnt, bei Besprechung der Angelegenheiten Gregors als besonders Sachverständige gegenüber den Eltern aufzutreten, und so war auch jetzt der Rat der Mutter für die Schwester Grund genug, auf der Entfernung nicht nur des Kastens und des Schreibtisches, an die sie zuerst allein gedacht hatte, sondern auf der Entfernung sämtlicher Möbel, mit Ausnahme des unentbehrlichen Kanapees, zu bestehen. Es war natürlich nicht nur kindlicher Trotz und das in der letzten Zeit so unerwartet und schwer erworbene Selbstvertrauen, das sie zu dieser Forderung bestimmte; sie hatte doch auch tatsächlich beobachtet, dass Gregor viel Raum zum Kriechen brauchte, dagegen die Möbel, soweit man sehen konnte, nicht im Geringsten benützte. Vielleicht aber spielte auch der schwärmerische Sinn der Mädchen ihres Alters mit, der bei jeder Gelegenheit seine Befriedigung sucht, und durch den Grete jetzt sich dazu verlocken ließ, die Lage Gregors noch Schrecken erregender machen zu wollen, um dann noch mehr als bis jetzt für ihn leisten zu können. Denn in einen Raum, in dem Gregor ganz allein die leeren Wände beherrschte, würde wohl kein Mensch außer Grete jemals einzutreten sich getrauen.

Und so ließ sie sich von ihrem Entschlusse durch die Mutter nicht abbringen, die auch in diesem Zimmer vor lauter Unruhe unsicher schien, bald verstummte und der Schwester nach Kräften beim Hinausschaffen des Kastens half. Nun, den Kasten konnte Gregor im Notfall noch entbehren, aber schon der Schreibtisch musste bleiben. Und kaum hatten die Frauen mit dem Kasten, an den sie sich ächzend drückten, das Zimmer verlassen, als Gregor den Kopf unter dem Kanapee hervorstieß, um zu sehen, wie er vorsichtig und möglichst rücksichtsvoll eingreifen könnte. Aber zum Unglück war es gerade die Mutter, welche zuerst zurückkehrte, während Grete im Nebenzimmer den Kasten umfangen hielt und ihn allein hin und her schwang, ohne ihn natürlich von der Stelle zu bringen. Die Mutter aber war Gregors Anblick nicht gewöhnt, er hätte sie krank machen können, und so eilte Gregor erschrocken im Rückwärtslauf bis an das andere Ende des Kanapees, konnte es aber nicht mehr verhindern, dass das Leintuch vorne ein wenig sich bewegte. Das genügte, um die Mutter aufmerksam zu machen. Sie stockte, stand einen Augenblick still und ging dann zu Grete zurück.

Trotzdem sich Gregor immer wieder sagte, dass ja nichts Außergewöhnliches geschehe, sondern nur ein paar Möbel umgestellt würden, wirkte doch, wie er sich bald eingestehen musste, dieses Hin- und Hergehen der Frauen, ihre kleinen Zurufe, das Kratzen der Möbel auf dem Boden, wie ein großer, von allen Seiten genährter Trubel auf ihn, und er musste sich, so fest er Kopf und Beine an sich zog und den Leib bis an den Boden drückte, unweigerlich sagen, dass er das Ganze nicht lange aushalten werde. Sie räumten ihm sein Zimmer aus; nahmen ihm alles, was ihm lieb war; den Kasten, in dem die Laubsäge und andere Werkzeuge lagen, hatten sie schon hinausgetragen; lockerten jetzt den schon im Boden fest eingegrabenen Schreibtisch, an dem er als Handelsakademiker, als Bürgerschüler, ja sogar schon als Volksschüler seine Aufgaben geschrieben hatte, – da hatte er wirklich keine Zeit mehr, die guten Absichten zu prüfen, welche die zwei Frauen hatten, deren Existenz er übrigens fast vergessen hatte, denn vor

Erschöpfung arbeiteten sie schon stumm, und man hörte nur das schwere Tappen ihrer Füße.

Und so brach er denn hervor – die Frauen stützten sich gerade im Nebenzimmer an den Schreibtisch, um ein wenig zu verschnaufen –, wechselte viermal die Richtung des Laufes, er wusste wirklich nicht, was er zuerst retten sollte, da sah er an der im Übrigen schon leeren Wand auffallend das Bild der in lauter Pelzwerk gekleideten Dame hängen, kroch eilends hinauf und presste sich an das Glas, das ihn festhielt und seinem heißen Bauch wohl tat. Dieses Bild wenigstens, das Gregor jetzt ganz verdeckte, würde nun gewiss niemand wegnehmen. Er verdrehte den Kopf nach der Tür des Wohnzimmers, um die Frauen bei ihrer Rückkehr zu beobachten.

Sie hatten sich nicht viel Ruhe gegönnt und kamen schon wieder; Grete hatte den Arm um die Mutter gelegt und trug sie fast. „Also was nehmen wir jetzt?“, sagte Grete und sah sich um. Da kreuzten sich ihre Blicke mit denen Gregors an der Wand. Wohl nur infolge der Gegenwart der Mutter behielt sie ihre Fassung, beugte ihr Gesicht zur Mutter, um diese vom Herumschauen abzuhalten, und sagte, allerdings zitternd und unüberlegt: „Komm, wollen wir nicht lieber auf einen Augenblick noch ins Wohnzimmer zurückgehen?“ Die Absicht Gretes war für Gregor klar, sie wollte die Mutter in Sicherheit bringen und dann ihn von der Wand hinunterjagen. Nun, sie konnte es ja immerhin versuchen! Er saß auf seinem Bild und gab es nicht her. Lieber würde er Grete ins Gesicht springen.

Aber Gretes Worte hatten die Mutter erst recht beunruhigt, sie trat zur Seite, erblickte den riesigen braunen Fleck auf der geblümten Tapete, rief, ehe ihr eigentlich zum Bewusstsein kam, dass das Gregor war, was sie sah, mit schreiender, rauer Stimme: „Ach Gott, ach Gott!“ und fiel mit ausgebreiteten Armen, als gebe sie alles auf, über das Kanapee hin und rührte sich nicht. „Du, Gregor!“, rief die Schwester mit erhobener Faust und eindringlichen Blicken. Es waren seit der Verwandlung die ersten Worte, die sie unmittelbar an ihn gerichtet hatte. Sie lief ins Nebenzimmer, um irgendeine Essenz zu holen, mit der sie die Mutter aus ihrer Ohnmacht wecken könnte; Gregor wollte auch helfen – zur Rettung des Bildes war noch Zeit –; er klebte aber fest an dem Glas und musste sich mit Gewalt losreißen; er lief dann auch ins Nebenzimmer, als könne er der Schwester irgendeinen Rat geben, wie in früherer Zeit; musste dann aber untätig hinter ihr stehen; während sie in verschiedenen Fläschchen kramte, erschreckte sie noch, als sie sich umdrehte; eine Flasche fiel auf den Boden und zerbrach; ein Splitter verletzte Gregor im Gesicht, irgendeine ätzende Medizin umfloss ihn; Grete nahm nun, ohne sich länger aufzuhalten, so viel Fläschchen, als sie nur halten konnte, und rannte mit ihnen zur Mutter hinein; die Tür schlug sie mit dem Fuße zu. Gregor war nun von der Mutter abgeschlossen, die durch seine Schuld vielleicht dem Tode nahe war; die Tür durfte er nicht öffnen, wollte er die Schwester, die bei der Mutter bleiben musste, nicht verjagen; er hatte jetzt nichts zu tun, als zu warten; und von Selbstvorwürfen und Besorgnis bedrängt, begann er zu kriechen, überkroch alles, Wände, Möbel und Zimmerdecke und fiel endlich in seiner Verzweiflung, als sich das ganze Zimmer schon um ihn zu drehen anfing, mitten auf den großen Tisch.

Es verging eine kleine Weile, Gregor lag matt da, ringsherum war es still, vielleicht war das ein gutes Zeichen. Da läutete es. Das Mädchen war natürlich in ihrer Küche eingesperrt und Grete musste daher öffnen gehen. Der Vater war gekommen. „Was ist geschehen?“, waren seine ersten Worte; Gretes Aussehen hatte ihm wohl alles verraten. Grete antwortete mit dumpfer Stimme, offenbar drückte sie ihr Gesicht an des Vaters Brust: „Die Mutter war ohnmächtig, aber es geht ihr schon besser. Gregor ist ausgebrochen.“ „Ich habe es ja erwartet“, sagte der Vater, „ich habe es euch ja immer gesagt, aber ihr Frauen wollt nicht hören.“ Gregor war es klar, dass der Vater Gretes allzu kurze Mitteilung schlecht gedeutet hatte und annahm, dass Gregor sich irgendeine Gewalttat habe zuschulden kommen lassen. Deshalb musste Gregor den Vater jetzt zu besänftigen suchen, denn ihn aufzuklären hatte er weder Zeit noch Möglichkeit. Und so flüchtete er sich zur Tür seines Zimmers und drückte sich an sie, damit der Vater beim Eintritt vom Vorzimmer her gleich sehen könne, dass Gregor die beste Absicht habe, sofort in sein Zimmer zurückzukehren, und dass es nicht nötig sei, ihn zurückzutreiben, sondern dass man nur die Tür zu öffnen brauche, und gleich werde er verschwinden.

Aber der Vater war nicht in der Stimmung, solche Feinheiten zu bemerken; „Ah!“, rief er gleich beim Eintritt in einem Tone, als sei er gleichzeitig wütend und froh. Gregor zog den Kopf von der Tür zurück und hob ihn gegen den Vater. So hatte er sich den Vater wirklich nicht vorgestellt, wie er jetzt dastand; allerdings hatte er in der letzten Zeit über dem neuartigen Herumkriechen versäumt, sich so wie früher um die Vorgänge in der übrigen Wohnung zu kümmern, und hätte eigentlich darauf gefasst sein müssen, veränderte Verhältnisse anzutreffen. Trotzdem, trotzdem, war das noch der Vater? Der gleiche Mann, der müde im Bett vergraben lag, wenn früher Gregor zu einer Geschäftsreise aus-

Schlafrock Morgenrock, Hausmantel o. Ä.

gerückt war; der ihn an Abenden der Heimkehr im Schlafrock im Lehnstuhl empfangen hatte; gar nicht recht imstande war, aufzustehen, sondern zum Zeichen der Freude nur die Arme gehoben hatte, und der bei den seltenen gemeinsamen Spaziergängen an ein paar Sonntagen im Jahr und an den höchsten Feiertagen zwischen Gregor und der Mutter, die schon an und für sich langsam gingen, immer noch ein wenig langsamer, in seinen alten Mantel eingepackt, mit stets vorsichtig aufgesetztem Krückstock sich vorwärts arbeitete und, wenn er etwas sagen wollte, fast immer stillstand und seine Begleitung um sich versammelte? Nun aber war er recht gut aufgerichtet; in eine straffe blaue Uniform mit Goldknöpfen gekleidet, wie sie Diener der Bankinstitute tragen; über dem hohen steifen Kragen des Rockes entwickelte sich sein starkes Doppelkinn; unter den buschigen Augenbrauen drang der Blick der schwarzen Augen frisch und aufmerksam hervor; das sonst zerzauste weiße Haar war zu einer peinlich genauen, leuchtenden Scheitelfrisur niedergekämmt. Er warf seine Mütze, auf der ein Goldmonogramm, wahrscheinlich das einer Bank, angebracht war, über das ganze Zimmer im Bogen auf das Kanapee hin und ging, die Enden seines langen Uniformrockes zurückgeschlagen, die Hände in den Hosentaschen, mit verbissenem Gesicht auf Gregor zu. Er wusste wohl selbst nicht, was er vorhatte; immerhin hob er die Füße ungewöhnlich hoch, und Gregor staunte über die Riesengröße seiner Stiefelsohlen. Doch hielt er sich dabei nicht auf, er wusste ja noch vom ersten Tage seines neuen Lebens her, dass der Vater ihm gegenüber nur die größte Strenge für angebracht ansah. Und so lief er vor dem Vater her, stockte, wenn der Vater stehen blieb, und eilte schon wieder vorwärts, wenn sich der Vater nur rührte. So machten sie mehrmals die Runde um das Zimmer, ohne dass sich etwas Entscheidendes ereignete, ja ohne dass das Ganze infolge seines langsamen Tempos den Anschein einer Verfolgung gehabt hätte. Deshalb blieb auch Gregor vorläufig auf dem Fußboden, zumal er fürchtete, der Vater könnte eine Flucht auf die Wände oder den Plafond für besondere Bosheit halten. Allerdings musste sich Gregor sagen, dass er sogar dieses Laufen nicht lange aushalten würde, denn während der Vater einen Schritt machte, musste er eine Unzahl von Bewegungen ausführen. Atemnot begann sich schon bemerkbar zu machen, wie er ja auch in seiner früheren Zeit keine ganz vertrauenswürdige Lunge besessen hatte. Als er nun so dahintorkelte, um alle Kräfte für den Lauf zu sammeln, kaum die Augen offen hielt; in seiner Stumpfheit an eine andere Rettung als durch Laufen gar nicht dachte; und fast schon vergessen hatte, dass ihm die Wände freistanden, die hier allerdings mit sorgfältig geschnitzten Möbeln voll Zacken und Spitzen verstellt waren – da flog knapp neben ihm, leicht geschleudert, irgendetwas nieder und rollte vor ihm her. Es war ein Apfel; gleich flog ihm ein zweiter nach; Gregor blieb vor Schrecken stehen; ein Weiterlaufen war nutzlos, denn der Vater hatte sich entschlossen, ihn zu bombardieren. Aus der Obstschale auf der Kredenz hatte er sich die Taschen gefüllt und warf nun, ohne vorläufig scharf zu zielen, Apfel für Apfel. Diese kleinen roten Äpfel rollten wie elektrisiert auf dem Boden herum und stießen aneinander. Ein schwach geworfener Apfel streifte Gregors Rücken, glitt aber unschädlich ab. Ein ihm sofort nachfliegender drang dagegen förmlich in Gregors Rücken ein; Gregor wollte sich weiterschleppen, als könne der überraschende unglaubliche Schmerz mit dem Ortswechsel vergehen; doch fühlte er sich wie festgenagelt und streckte sich in vollständiger Verwirrung aller Sinne. Nur mit dem letzten Blick sah er noch, wie die Tür seines Zimmers aufgerissen wurde, und vor der schreienden Schwester die Mutter hervoreilte, im Hemd, denn die Schwester hatte sie entkleidet, um ihr in der Ohnmacht Atemfreiheit zu verschaffen, wie dann die Mutter auf den Vater zulief und ihr auf dem Weg die aufgebundenen Röcke einer nach dem anderen zu Boden glitten, und wie sie stolpernd über die Röcke auf den Vater eindrang und ihn umarmend, in gänzlicher Vereinigung mit ihm – nun versagte aber Gregors Sehkraft schon – die Hände an des Vaters Hinterkopf um Schonung von Gregors Leben bat.

→

Kredenz *(ital.)* Tisch oder Schrank zum Anrichten

III.

Die schwere Verwundung Gregors, an der er über einen Monat litt – der Apfel blieb, da ihn niemand zu entfernen wagte, als sichtbares Andenken im Fleische sitzen –, schien selbst den Vater daran erinnert zu haben, dass Gregor trotz seiner gegenwärtigen traurigen und ekelhaften Gestalt ein Familienmitglied war, das man nicht wie einen Feind behandeln durfte, sondern dem gegenüber es das Gebot der Familienpflicht war, den Widerwillen hinunterzuschlucken und zu dulden, nichts als zu dulden. Und wenn nun auch Gregor durch seine Wunde an Beweglichkeit wahrscheinlich für immer verloren hatte und vorläufig zur Durchquerung seines Zimmers wie ein alter Invalide lange, lange Minuten brauchte – an das Kriechen in der Höhe war nicht zu denken –, so bekam er für diese Verschlimmerung seines Zustandes einen seiner Meinung nach vollständig genügenden Ersatz dadurch, dass immer gegen Abend die Wohnzimmertür, die er schon ein bis zwei Stunden vorher scharf zu beobachten pflegte,

→

geöffnet wurde, sodass er, im Dunkel seines Zimmers liegend, vom Wohnzimmer aus unsichtbar, die ganze Familie beim beleuchteten Tische sehen und ihre Reden, gewissermaßen mit allgemeiner Erlaubnis, also ganz anders als früher, anhören durfte. Freilich waren es nicht mehr die lebhaften Unterhaltungen der früheren Zeiten, an die Gregor in den kleinen Hotelzimmern stets mit einigem Verlangen gedacht hatte, wenn er sich müde in das feuchte Bettzeug hatte werfen müssen. Es ging jetzt meist nur sehr still zu. Der Vater schlief bald nach dem Nachtessen in seinem Sessel ein; die Mutter und Schwester ermahnten einander zur Stille; die Mutter nähte, weit unter das Licht vorgebeugt, feine Wäsche für ein Modengeschäft; die Schwester, die eine Stellung als Verkäuferin angenommen hatte, lernte am Abend Stenographie und Französisch, um vielleicht später einmal einen besseren Posten zu erreichen. Manchmal wachte der Vater auf, und als wisse er gar nicht, dass er geschlafen habe, sagte er zur Mutter: „Wie lange du heute schon wieder nähst!" und schlief sofort wieder ein, während Mutter und Schwester einander müde zulächelten.

Stenographie
Kurzschrift

Mit einer Art Eigensinn weigerte sich der Vater, auch zu Hause seine Dieneruniform abzulegen; und während der Schlafrock nutzlos am Kleiderhaken hing, schlummerte der Vater vollständig angezogen auf seinem Platz, als sei er immer zu seinem Dienste bereit und warte auch hier auf die Stimme des Vorgesetzten. Infolgedessen verlor die gleich anfangs nicht neue Uniform trotz aller Sorgfalt von Mutter und Schwester an Reinlichkeit, und Gregor sah oft ganze Abende lang auf dieses über und über fleckige, mit seinen stets geputzten Goldknöpfen leuchtende Kleid, in dem der alte Mann höchst unbequem und doch ruhig schlief.

Sobald die Uhr zehn schlug, suchte die Mutter durch leise Zusprache den Vater zu wecken und dann zu überreden, ins Bett zu gehen, denn hier war es doch kein richtiger Schlaf und diesen hatte der Vater, der um sechs Uhr seinen Dienst antreten musste, äußerst nötig. Aber in dem Eigensinn, der ihn, seitdem er Diener war, ergriffen hatte, bestand er immer darauf, noch länger bei Tisch zu bleiben, trotzdem er regelmäßig einschlief, und war dann überdies nur mit der größten Mühe zu bewegen, den Sessel mit dem Bett zu vertauschen. Da mochten Mutter und Schwester mit kleinen Ermahnungen noch so sehr auf ihn eindringen, viertelstundenlang schüttelte er langsam den Kopf, hielt die Augen geschlossen und stand nicht auf. Die Mutter zupfte ihn am Ärmel, sagte ihm Schmeichelworte ins Ohr, die Schwester verließ ihre Aufgabe, um der Mutter zu helfen, aber beim Vater verfing das nicht. Er versank nur noch tiefer in seinen Sessel. Erst bis ihn die

Frauen unter den Achseln fassten, schlug er die Augen auf, sah abwechselnd die Mutter und die Schwester an und pflegte zu sagen: „Das ist ein Leben. Das ist die Ruhe meiner alten Tage." Und auf die beiden Frauen gestützt, erhob er sich, umständlich, als sei er für sich selbst die größte Last, ließ sich von den Frauen bis zur Türe führen, winkte ihnen dort ab und ging nun selbständig weiter, während die Mutter ihr Nähzeug, die Schwester ihre Feder eiligst hinwarfen, um hinter dem Vater zu laufen und ihm weiter behilflich zu sein.

Wer hatte in dieser abgearbeiteten und übermüdeten Familie Zeit, sich um Gregor mehr zu kümmern, als unbedingt nötig war? Der Haushalt wurde immer mehr eingeschränkt; das Dienstmädchen wurde nun doch entlassen; eine riesige knochige Bedienerin mit weißem, den Kopf umflatterndem Haar kam des Morgens und des Abends, um die schwerste Arbeit zu leisten; alles andere besorgte die Mutter neben ihrer vielen Näharbeit. Es geschah sogar, dass verschiedene Familienschmuckstücke, welche früher die Mutter und die Schwester überglücklich bei Unterhaltungen und Feierlichkeiten getragen hatten, verkauft wurden, wie Gregor am Abend aus der allgemeinen Besprechung der erzielten Preise erfuhr. Die größte Klage war aber stets, dass man diese für die gegenwärtigen Verhältnisse allzu große Wohnung nicht verlassen konnte, da es nicht auszudenken war, wie man Gregor übersiedeln sollte. Aber Gregor sah wohl ein, dass es nicht nur die Rücksicht auf ihn war, welche eine Übersiedlung verhinderte, denn ihn hätte man doch in einer passenden Kiste mit ein paar Luftlöchern leicht transportieren können; was die Familie hauptsächlich vom Wohnungswechsel abhielt, war vielmehr die völlige Hoffnungslosigkeit und der Gedanke daran, dass sie mit einem Unglück geschlagen war, wie niemand sonst im ganzen Verwandten- und Bekanntenkreis. Was die Welt von armen Leuten verlangt, erfüllten sie bis zum Äußersten, der Vater holte den kleinen Bankbeamten das Frühstück, die Mutter opferte sich für die Wäsche fremder Leute, die Schwester lief nach dem Befehl der Kunden hinter dem Pulte hin und her, aber weiter reichten die Kräfte der Familie schon nicht. Und die Wunde im Rücken fing Gregor wie neu zu schmerzen an, wenn Mutter und Schwester, nachdem sie den Vater zu Bett gebracht hatten, nun zurückkehrten, die Arbeit liegen ließen, nahe zusammenrückten, schon Wange an Wange saßen; wenn jetzt die Mutter, auf Gregors Zimmer zeigend, sagte: „Mach dort die Tür zu, Grete", und wenn nun Gregor wieder im Dunkel war, während nebenan die Frauen ihre Tränen vermischten oder gar tränenlos den Tisch anstarrten.

Die Nächte und Tage verbrachte Gregor fast ganz ohne Schlaf. Manchmal dachte er daran, beim nächsten Öffnen der Tür die Angelegenheiten der Familie ganz so wie früher wieder in die Hand zu nehmen; in seinen Gedanken erschienen wieder nach langer Zeit der Chef und der Prokurist, die Kommis und die Lehrjungen, der so begriffstützige Hausknecht, zwei drei Freunde aus anderen Geschäften, ein Stubenmädchen aus einem Hotel in der Provinz, eine liebe, flüchtige Erinnerung, eine Kassiererin aus einem Hutgeschäft, um die er sich ernsthaft, aber zu langsam beworben hatte – sie alle erschienen untermischt mit Fremden oder schon Vergessenen, aber statt ihm und seiner Familie zu helfen, waren sie sämtlich unzugänglich, und er war froh, wenn sie verschwanden. Dann aber war er wieder gar nicht in der Laune, sich um seine Familie zu sorgen, bloß Wut über die schlechte Wartung erfüllte ihn, und trotzdem er sich nichts vorstellen konnte, worauf er Appetit gehabt hätte, machte er doch Pläne, wie er in die Speisekammer gelangen könnte, um dort zu nehmen, was ihm, auch wenn er keinen Hunger hatte, immerhin gebührte. Ohne jetzt mehr nachzudenken, womit man Gregor einen besonderen Gefallen machen könnte, schob die Schwester eiligst, ehe sie morgens und mittags ins Geschäft lief, mit dem Fuß irgendeine beliebige Speise in Gregors Zimmer hinein, um sie am Abend, gleichgültig dagegen, ob die Speise vielleicht nur verkostet oder – der häufigste Fall – gänzlich unberührt war, mit einem Schwenken des Besens hinauszukehren. Das Aufräumen des Zimmers, das sie nun immer abends besorgte, konnte gar nicht mehr schneller getan sein. Schmutzstreifen zogen sich die Wände entlang, hie und da lagen Knäuel von Staub und Unrat. In der ersten Zeit stellte sich Gregor bei der Ankunft der Schwester in derartige besonders bezeichnende Winkel, um ihr durch diese Stellung gewissermaßen einen Vorwurf zu machen. Aber er hätte wohl wochenlang dort bleiben können, ohne dass sich die Schwester gebessert hätte; sie sah ja den Schmutz genauso wie er, aber sie hatte sich eben entschlossen, ihn zu lassen. Dabei wachte sie mit einer an ihr ganz neuen Empfindlichkeit, die überhaupt die ganze Familie ergriffen hatte, darüber, dass das Aufräumen von Gregors Zimmer ihr vorbehalten blieb. Einmal hatte die Mutter Gregors Zimmer einer großen Reinigung unterzogen, die ihr nur nach Verbrauch einiger Kübel Wasser gelungen war – die viele Feuchtigkeit kränkte allerdings Gregor auch und er lag breit, verbittert und unbeweglich auf dem Kanapee –, aber die Strafe blieb für die Mutter nicht aus. Denn kaum hatte am Abend die Schwester die Veränderung in Gregors Zimmer bemerkt, als sie, aufs höchste beleidigt, ins Wohnzimmer lief und, trotz der beschwörend erhobenen Hände der Mutter, in einen Weinkrampf ausbrach, dem die Eltern – der Vater war natürlich aus seinem Sessel aufgeschreckt worden – zuerst erstaunt und hilflos zusahen; bis auch sie sich zu rühren anfingen; der Vater rechts der Mutter Vorwürfe machte, dass sie Gregors Zimmer nicht der Schwester zur Reinigung überließ; links dagegen die Schwester anschrie, sie werde niemals mehr Gregors Zimmer reinigen dürfen; während die Mutter den Vater, der sich vor Erregung nicht mehr kannte, ins Schlafzimmer zu schleppen suchte; die Schwester, von Schluchzen geschüttelt, mit ihren kleinen Fäusten den Tisch bearbeitete; und Gregor laut vor Wut darüber zischte, dass es keinem einfiel, die Tür zu schließen und ihm diesen Anblick und Lärm zu ersparen.

Aber selbst wenn die Schwester, erschöpft von ihrer Berufsarbeit, dessen überdrüssig geworden war, für Gregor, wie früher, zu sorgen, so hätte noch keineswegs die Mutter für sie eintreten müssen und Gregor hätte doch nicht vernachlässigt werden brauchen. Denn nun war die Bedienerin da. Diese alte Witwe, die in ihrem langen Leben mit Hilfe ihres starken Knochenbaues das Ärgste überstanden haben mochte, hatte keinen eigentlichen Abscheu vor Gregor. Ohne irgendwie neugierig zu sein, hatte sie zufällig einmal die Tür von Gregors Zimmer aufgemacht und war im Anblick Gregors, der, gänzlich überrascht, trotzdem ihn niemand jagte, hin und herzulaufen begann, die Hände im Schoß gefaltet staunend stehen geblieben. Seitdem versäumte sie nicht, stets flüchtig morgens und abends die Tür ein wenig zu öffnen und zu Gregor hineinzuschauen. Anfangs rief sie ihn auch zu sich herbei, mit Worten, die sie wahrscheinlich für freundlich hielt, wie „Komm mal herüber, alter Mistkäfer!“ oder „Seht mal den alten Mistkäfer!“ Auf solche Ansprachen antwortete Gregor mit nichts, sondern blieb unbeweglich auf seinem Platz, als sei die Tür gar nicht geöffnet worden. Hätte man doch dieser Bedienerin, statt sie nach ihrer Laune ihn nutzlos stören zu lassen, lieber den Befehl gegeben, sein Zimmer täglich zu reinigen! Einmal am frühen Morgen – ein heftiger Regen, vielleicht schon ein Zeichen des kommenden Frühjahrs, schlug an die Scheiben – war Gregor, als die Bedienerin mit ihren Redensarten wieder begann, derartig erbittert, dass er, wie zum Angriff, allerdings langsam und hinfällig, sich gegen sie wendete. Die Bedienerin aber, statt sich zu fürchten, hob bloß einen in der Nähe der Tür befindlichen Stuhl hoch empor, und wie sie mit groß geöffnetem Munde dastand, war ihre Absicht klar, den Mund erst zu schließen, wenn der Sessel in ihrer Hand auf Gregors Rücken niederschlagen würde.

„Also weiter geht es nicht?“, fragte sie, als Gregor sich wieder umdrehte, und stellte den Sessel ruhig in die Ecke zurück.

Gregor aß nun fast gar nichts mehr. Nur wenn er zufällig an der vorbereiteten Speise vorüberkam, nahm er zum Spiel einen Bissen in den Mund, hielt ihn dort stundenlang und spie ihn dann meist wieder aus. Zuerst dachte er, es sei die Trauer über den Zustand seines Zimmers, die ihn vom Essen abhalte, aber gerade mit den Veränderungen des Zimmers söhnte er sich sehr bald aus. Man hatte sich angewöhnt, Dinge, die man anderswo nicht unterbringen konnte, in dieses Zimmer hineinzustellen, und solcher Dinge gab es nun viele, da man ein Zimmer der Wohnung an drei Zimmerherren vermietet hatte. Diese ernsten Herren – alle drei hatten Vollbärte, wie Gregor einmal durch eine Türspalte feststellte – waren peinlich auf Ordnung, nicht nur in ihrem Zimmer, sondern, da sie sich nun einmal hier eingemietet hatten, in der ganzen Wirtschaft, also insbesondere in der Küche, bedacht. Unnützen oder gar schmutzigen Kram ertrugen sie nicht. Überdies hatten sie zum größten Teil ihre eigenen Einrichtungsstücke mitgebracht. Aus diesem Grunde waren viele Dinge überflüssig geworden, die zwar nicht verkäuflich waren, die man aber auch nicht wegwerfen wollte. Alle diese wanderten in Gregors Zimmer. Ebenso auch die Aschenkiste und die Abfallkiste aus der Küche. Was nur im Augenblick unbrauchbar war, schleuderte die Bedienerin, die es immer sehr eilig hatte, einfach in Gregors Zimmer; Gregor sah glücklicherweise meist nur den betreffenden Gegenstand und die Hand, die ihn hielt. Die Bedienerin hatte vielleicht die Absicht, bei Zeit und Gelegenheit die Dinge wieder zu holen oder alle insgesamt mit einem Mal hinauszuwerfen, tatsächlich aber blieben sie dort liegen, wohin sie durch den ersten Wurf gekommen waren, wenn nicht Gregor sich durch das Rumpelzeug wand und es in Bewegung brachte, zuerst gezwungen, weil kein sonstiger Platz zum Kriechen frei war, später aber mit wachsendem Vergnügen, obwohl er nach solchen Wanderungen, zum Sterben müde und traurig, wieder stundenlang sich nicht rührte.

Zimmerherren Untermieter

←

Da die Zimmerherren manchmal auch ihr Abendessen zu Hause im gemeinsamen Wohnzimmer einnahmen, blieb die Wohnzimmertür an manchen Abenden geschlossen, aber Gregor verzichtete ganz leicht auf das Öffnen der Tür, hatte er doch schon manche Abende, an denen sie geöffnet war, nicht ausgenützt, sondern war, ohne dass es die Familie merkte, im dunkelsten Winkel seines Zimmers gelegen. Einmal aber hatte die Bedienerin die Tür zum Wohnzimmer ein wenig offen gelassen, und sie blieb so offen, auch als die Zimmerherren am Abend eintraten und Licht gemacht wurde. Sie setzten sich oben an den Tisch, wo in früheren Zeiten der Vater, die Mutter und Gregor gegessen hatten, entfalteten die Servietten und nahmen Messer und Gabel in die Hand. Sofort erschien in der Tür die Mutter mit einer Schüssel Fleisch und knapp hinter ihr die Schwester mit einer Schüssel hoch geschichteter Kartoffeln. Das Essen dampfte mit starkem Rauch. Die Zimmerherren beugten sich über die vor sie hingestellten Schüsseln, als wollten sie sie vor dem Essen prüfen, und tatsächlich zerschnitt der, welcher in der Mitte saß und den anderen zwei als Autorität zu gelten schien, ein Stück Fleisch noch auf der Schüssel, offenbar um festzustellen, ob es mürbe genug sei und ob es nicht etwa in die Küche zurückgeschickt werden solle. Er war befriedigt, und Mutter und Schwester, die gespannt zugesehen hatten, begannen aufatmend zu lächeln.

Die Familie selbst aß in der Küche. Trotzdem kam der Vater, ehe er in die Küche ging, in dieses Zimmer herein und machte mit einer einzigen Verbeugung, die Kappe in der Hand, einen Rundgang um den Tisch. Die Zimmerherren erhoben sich sämtlich und murmelten etwas in ihre Bärte. Als sie dann allein waren, aßen sie fast unter vollkommenem Stillschweigen. Sonderbar schien es Gregor, dass man aus allen mannigfachen Geräuschen des Essens immer wieder ihre kauenden Zähne heraushörte, als ob damit Gregor gezeigt werden sollte, dass man Zähne brauche, um zu essen, und dass man auch mit den schönsten zahnlosen Kiefern nichts ausrichten könne. „Ich habe ja Appetit“, sagte sich Gregor sorgenvoll, „aber nicht auf diese Dinge. Wie sich diese Zimmerherren nähren, und ich komme um!“ →

Gerade an diesem Abend – Gregor erinnerte sich nicht, während der ganzen Zeit die Violine gehört zu haben – ertönte sie von der Küche her. Die Zimmerherren hatten schon ihr Nachtmahl beendet, der mittlere hatte eine Zeitung hervorgezogen, den zwei anderen je ein Blatt gegeben, und nun lasen sie zurückgelehnt und rauchten. Als die Violine zu spielen begann, wurden sie aufmerksam, erhoben sich und gingen auf den Fußspitzen zur Vorzimmertür, in der sie aneinander gedrängt stehen blieben. Man musste sie von der Küche aus gehört haben, denn der Vater rief: „Ist den Herren das Spiel vielleicht unangenehm? Es kann sofort eingestellt werden.“ „Im Gegenteil“, sagte der mittlere der Herren, „möchte das Fräulein nicht zu uns hereinkommen und hier im Zimmer spielen, wo es doch viel bequemer und gemütlicher ist?“ „O bitte“, rief der Vater, als sei er der Violinspieler. Die Herren traten ins Zimmer zurück und warteten. Bald kam der Vater mit dem Notenpult, die Mutter mit den Noten und die

Schwester mit der Violine. Die Schwester bereitete alles ruhig zum Spiele vor; die Eltern, die niemals früher Zimmer vermietet hatten und deshalb die Höflichkeit gegen die Zimmerherren übertrieben, wagten gar nicht, sich auf ihre eigenen Sessel zu setzen; der Vater lehnte an der Tür, die rechte Hand zwischen zwei Knöpfe des geschlossenen Livreerockes gesteckt; die Mutter aber erhielt von einem Herrn einen Sessel angeboten und saß, da sie den Sessel dort ließ, wohin ihn der Herr zufällig gestellt hatte, abseits in einem Winkel.

Livree uniformartige Dienerkleidung

Die Schwester begann zu spielen; Vater und Mutter verfolgten, jeder von seiner Seite, aufmerksam die Bewegungen ihrer Hände. Gregor hatte, von dem Spiele angezogen, sich ein wenig weiter vorgewagt und war schon mit dem Kopf im Wohnzimmer. Er wunderte sich kaum darüber, dass er in letzter Zeit so wenig Rücksicht auf die andern nahm; früher war diese Rücksichtnahme sein Stolz gewesen. Und dabei hätte er gerade jetzt mehr Grund gehabt, sich zu verstecken, denn infolge des Staubes, der in seinem Zimmer überall lag und bei der kleinsten Bewegung umherflog, war auch er ganz staubbedeckt; Fäden, Haare, Speiseüberreste schleppte er auf seinem Rücken und an den Seiten mit sich herum; seine Gleichgültigkeit gegen alles war viel zu groß, als dass er sich, wie früher mehrmals während des Tages, auf den Rücken gelegt und am Teppich gescheuert hätte. Und trotz dieses Zustandes hatte er keine Scheu, ein Stück auf dem makellosen Fußboden des Wohnzimmers vorzurücken.

Allerdings achtete auch niemand auf ihn. Die Familie war gänzlich vom Violinspiel in Anspruch genommen; die Zimmerherren dagegen, die zunächst, die Hände in den Hosentaschen, viel zu nahe hinter dem Notenpult der Schwester sich aufgestellt hatten, sodass sie alle in die Noten hätten sehen können, was sicher die Schwester stören musste, zogen sich bald unter halblauten Gesprächen mit gesenkten Köpfen zum Fenster zurück, wo sie, vom Vater besorgt beobachtet, auch blieben. Es hatte nun wirklich den überdeutlichen Anschein, als wären sie in ihrer Annahme, ein schönes oder unterhaltendes Violinspiel zu hören, enttäuscht, hätten die ganze Vorführung satt und ließen sich nur aus Höflichkeit noch in ihrer Ruhe stören. Besonders die Art, wie sie alle aus Nase und Mund den Rauch ihrer Zigarren in die Höhe bliesen, ließ auf große Nervosität schließen. Und doch spielte die Schwester so schön. Ihr Gesicht war zur Seite geneigt, prüfend und traurig folgten ihre Blicke den Notenzeilen. Gregor kroch noch ein Stück vorwärts und hielt den Kopf eng an den Boden, um möglicherweise ihren Blicken begegnen zu können. War er ein Tier, da ihn Musik so ergriff? Ihm war, als zeige sich ihm der Weg zu der ersehnten unbekannten Nahrung. Er war entschlossen, bis zur Schwester vorzudringen, sie am Rock zu zupfen und ihr dadurch anzudeuten, sie möge doch mit ihrer Violine in sein Zimmer kommen, denn niemand lohnte hier das Spiel so, wie er es lohnen wollte. Er wollte sie nicht mehr aus seinem Zimmer lassen, wenigstens nicht, solange er lebte; seine Schreckgestalt sollte ihm zum ersten Mal nützlich werden; an allen Türen seines Zimmers wollte er gleichzeitig sein und den Angreifern entgegenfauchen; die Schwester aber sollte nicht gezwungen, sondern freiwillig bei ihm bleiben; sie sollte neben ihm auf dem Kanapee sitzen, das Ohr zu ihm herunterneigen, und er wollte ihr dann anvertrauen, dass er die feste Absicht gehabt habe, sie auf das Konservatorium zu schicken, und dass er dies, wenn nicht das Unglück dazwischen gekommen wäre, vergangene Weihnachten – Weihnachten war doch wohl schon vorüber? – allen gesagt hätte, ohne sich um irgendwelche Widerreden zu kümmern. Nach dieser Erklärung würde die Schwester in Tränen der Rührung ausbrechen, und Gregor würde sich bis zu ihrer Achsel erheben und ihren Hals küssen, den sie, seitdem sie ins Geschäft ging, frei ohne Band oder Kragen trug. →

„Herr Samsa!“, rief der mittlere Herr dem Vater zu und zeigte, ohne ein weiteres Wort zu verlieren, mit dem Zeigefinger auf den langsam sich vorwärts bewegenden Gregor. Die Violine verstummte, der mittlere Zimmerherr lächelte erst einmal kopfschüttelnd seinen Freunden zu und sah dann wieder auf Gregor hin. Der Vater schien es für nötiger zu halten, statt Gregor zu vertreiben, vorerst die Zimmerherren zu beruhigen, trotzdem diese gar nicht aufgeregt waren und Gregor sie mehr als das Violinspiel zu unterhalten schien. Er eilte zu ihnen und suchte sie mit ausgebreiteten Armen in ihr Zimmer zu drängen und gleichzeitig mit seinem Körper ihnen den Ausblick auf Gregor zu nehmen. Sie wurden nun tatsächlich ein wenig böse, man wusste nicht mehr, ob über das Benehmen des Vaters oder über die ihnen jetzt aufgehende Erkenntnis, ohne es zu wissen, einen solchen Zimmernachbar wie Gregor besessen zu haben. Sie verlangten vom Vater Erklärungen, hoben ihrerseits die Arme, zupften unruhig an ihren Bärten und wichen nur langsam gegen ihr Zimmer zurück. Inzwischen hatte die Schwester die Verlorenheit, in die sie nach dem plötzlich abgebrochenen Spiel verfallen war, überwunden, hatte sich, nachdem sie eine Zeit lang in den lässig hängenden Händen Violine und Bogen gehalten und weiter, als spiele sie noch, in die Noten gesehen hatte, mit einem Male aufgerafft, hatte das Instrument auf den Schoß der Mutter gelegt, die in Atembeschwerden mit heftig arbeitenden Lungen noch auf ihrem Sessel saß, und war in das Nebenzimmer gelaufen, dem sich die Zimmerherren unter dem Drängen des Vaters schon schneller näherten. Man sah, wie unter den geübten Händen der Schwester die Decken und Polster in den Betten in die Höhe flogen und sich ordneten. Noch ehe die Herren das Zimmer erreicht hatten, war sie mit dem Aufbetten fertig und schlüpfte heraus. Der Vater schien wieder von seinem Eigensinn derartig ergriffen, dass er jeden Respekt vergaß, den er seinen Mietern immerhin schuldete. Er drängte nur und drängte, bis schon in der Tür des Zimmers der mittlere der Herren donnernd mit dem Fuß aufstampfte und dadurch den Vater zum Stehen brachte. „Ich erkläre hiermit“, sagte er, hob die Hand und suchte mit den Blicken auch die Mutter und die Schwester, „dass ich mit Rücksicht auf die in dieser Wohnung und Familie herrschenden widerlichen Verhältnisse“ – hiebei spie er kurz entschlossen auf den Boden – „mein Zimmer augenblicklich kündige. Ich werde natürlich auch für die Tage, die ich hier gewohnt habe, nicht das Geringste bezahlen, dagegen werde ich es mir noch überlegen, ob ich nicht mit irgendwelchen – glauben Sie mir – sehr leicht zu begründenden Forderungen gegen Sie auftreten werde.“ Er schwieg und sah gerade vor sich hin, als erwarte er etwas. Tatsächlich fielen sofort seine zwei Freunde mit den Worten ein: „Auch wir kündigen augenblicklich.“ Darauf fasste er die Türklinke und schloss mit einem Krach die Tür.

Der Vater wankte mit tastenden Händen zu seinem Sessel und ließ sich in ihn fallen; es sah aus, als strecke er sich zu seinem gewöhnlichen Abendschläfchen, aber das starke Nicken seines wie haltlosen Kopfes zeigte, dass er ganz und gar nicht schlief. Gregor war die ganze Zeit still auf dem Platz gelegen, auf dem ihn die Zimmerherren ertappt hatten. Die Enttäuschung über das Misslingen seines Planes, vielleicht aber auch die durch das viele Hungern verursachte Schwäche machten es ihm unmöglich, sich zu bewegen. Er fürchtete mit einer gewissen Bestimmtheit schon für den nächsten Augenblick einen allgemeinen über ihn sich entladenden Zusammensturz und wartete. Nicht einmal die Violine schreckte ihn auf, die, unter den zitternden Fingern der Mutter hervor, ihr vom Schoße fiel und einen hallenden Ton von sich gab. „Liebe Eltern“, sagte die Schwester und schlug zur Einleitung mit der Hand auf den Tisch, „so geht es nicht weiter. Wenn ihr das vielleicht nicht einsehet, ich sehe es ein. Ich will vor diesem Untier nicht den Namen meines Bruders aussprechen, und sage daher bloß: wir müssen versuchen, es loszuwerden. Wir haben das Menschenmögliche versucht, es zu pflegen und zu dulden, ich glaube, es kann uns niemand den geringsten Vorwurf machen."

„Sie hat tausendmal Recht", sagte der Vater für sich. Die Mutter, die noch immer nicht genug Atem finden konnte, fing in die vorgehaltene Hand mit einem irrsinnigen Ausdruck der Augen dumpf zu husten an.

Die Schwester eilte zur Mutter und hielt ihr die Stirn. Der Vater schien durch die Worte der Schwester auf bestimmtere Gedanken gebracht zu sein, hatte sich aufrecht gesetzt, spielte mit seiner Dienermütze zwischen den Tellern, die noch vom Nachtmahl der Zimmerherren her auf dem Tisch lagen, und sah bisweilen auf den stillen Gregor hin.

„Wir müssen es loszuwerden suchen", sagte die Schwester nun ausschließlich zum Vater, denn die Mutter hörte in ihrem Husten nichts, „es bringt euch noch beide um, ich sehe es kommen. Wenn man schon so schwer arbeiten muss, wie wir alle, kann man nicht noch zu Hause diese ewige Quälerei ertragen. Ich kann es auch nicht mehr." Und sie brach so heftig in Weinen aus, dass ihre Tränen auf das Gesicht der Mutter niederflossen, von dem sie sie mit mechanischen Handbewegungen wischte.

„Kind", sagte der Vater mitleidig und mit auffallendem Verständnis, „was sollen wir aber tun?"

Die Schwester zuckte nur die Achseln zum Zeichen der Ratlosigkeit, die sie nun während des Weinens im Gegensatz zu ihrer früheren Sicherheit ergriffen hatte.

„Wenn er uns verstünde", sagte der Vater halb fragend; die Schwester schüttelte aus dem Weinen heraus heftig die Hand zum Zeichen, dass daran nicht zu denken sei.

„Wenn er uns verstünde", wiederholte der Vater und nahm durch Schließen der Augen die Überzeugung der Schwester von der Unmöglichkeit dessen in sich auf, „dann wäre vielleicht ein Übereinkommen mit ihm möglich. Aber so –"

„Weg muss es", rief die Schwester, „das ist das einzige Mittel, Vater. Du musst bloß den Gedanken loszuwerden suchen, dass es Gregor ist. Dass wir es so lange geglaubt haben, das ist ja unser eigentliches Unglück. Aber wie kann es denn Gregor sein? Wenn es Gregor wäre, er hätte längst eingesehen, dass ein Zusammenleben von Menschen mit einem solchen Tier nicht möglich ist, und wäre freiwillig fortgegangen. Wir hätten dann keinen Bruder, aber könnten weiter leben und sein Andenken in Ehren halten. So aber verfolgt uns dieses Tier, vertreibt die Zimmerherren, will offenbar die ganze Wohnung einnehmen und uns auf der Gasse übernachten lassen. Sieh nur, Vater", schrie sie plötzlich auf, „er fängt schon wieder an!“ Und in einem für Gregor gänzlich unverständlichen Schrecken verließ die Schwester sogar die Mutter, stieß sich förmlich von ihrem Sessel ab, als wollte sie lieber die Mutter opfern, als in Gregors Nähe bleiben, und eilte hinter den Vater, der, lediglich durch ihr Benehmen erregt, auch aufstand und die Arme wie zum Schutze der Schwester vor ihr halb erhob.

Aber Gregor fiel es doch gar nicht ein, irgendjemandem und gar seiner Schwester Angst machen zu wollen. Er hatte bloß angefangen sich umzudrehen, um in sein Zimmer zurückzuwandern, und das nahm sich allerdings auffallend aus, da er infolge seines leidenden Zustandes bei den schwierigen Umdrehungen mit seinem Kopfe nachhelfen musste, den er hierbei viele Male hob und gegen den Boden schlug. Er hielt inne und sah sich um. Seine gute Absicht schien erkannt worden zu sein; es war nur ein augenblicklicher Schrecken gewesen. Nun sahen ihn alle schweigend und traurig an. Die Mutter lag, die Beine ausgestreckt und aneinander gedrückt, in ihrem Sessel, die Augen fielen ihr vor Ermattung fast zu; der Vater und die Schwester saßen nebeneinander, die Schwester hatte ihre Hand um des Vaters Hals gelegt.

„Nun darf ich mich schon vielleicht umdrehen“, dachte Gregor und begann seine Arbeit wieder. Er konnte das Schnaufen der Anstrengung nicht unterdrücken und musste auch hie und da ausruhen. Im Übrigen drängte ihn auch niemand, es war alles ihm selbst überlassen. Als er die Umdrehung vollendet hatte, fing er sofort an, geradeaus zurückzuwandern. Er staunte über die große Entfernung, die ihn von seinem Zimmer trennte, und begriff gar nicht, wie er bei seiner Schwäche vor kurzer Zeit den gleichen Weg, fast ohne es zu merken, zurückgelegt hatte. Immerfort nur auf rasches Kriechen bedacht, achtete er kaum darauf, dass kein Wort, kein Ausruf seiner Familie ihn störte. Erst als er schon in der Tür war, wendete er den Kopf, nicht vollständig, denn er fühlte den Hals steif werden, immerhin sah er noch, dass sich hinter ihm nichts verändert hatte, nur die Schwester war aufgestanden. Sein letzter Blick streifte die Mutter, die nun völlig eingeschlafen war.

Kaum war er innerhalb seines Zimmers, wurde die Tür eiligst zugedrückt, festgeriegelt und versperrt. Über den plötzlichen Lärm hinter sich erschrak Gregor so, dass ihm die Beinchen einknickten. Es war die Schwester, die sich so beeilt hatte. Aufrecht war sie schon da gestanden und hatte gewartet, leichtfüßig war sie dann vorwärts gesprungen, Gregor hatte sie gar nicht kommen hören, und ein „Endlich!“ rief sie den Eltern zu, während sie den Schlüssel im Schloss umdrehte.

„Und jetzt?“, fragte sich Gregor und sah sich im Dunkeln um. Er machte bald die Entdeckung, dass er sich nun überhaupt nicht mehr rühren konnte. Er wunderte sich darüber nicht, eher kam es ihm unnatürlich vor, dass er sich bis jetzt tatsächlich mit diesen dünnen Beinchen hatte fortbewegen können. Im Übrigen fühlte er sich verhältnismäßig behaglich. Er hatte zwar Schmerzen im ganzen Leib, aber ihm war, als würden sie allmählich schwächer und schwächer und würden schließlich ganz vergehen. Den verfaulten Apfel in seinem Rücken und die entzündete Umgebung, die ganz von weichem Staub bedeckt waren, spürte er schon kaum. An seine Familie dachte er mit Rührung und Liebe zurück. Seine Meinung darüber, dass er verschwinden müsse, war womöglich noch entschiedener, als die seiner Schwester. In diesem Zustand leeren und friedlichen Nachdenkens blieb er, bis die Turmuhr die dritte Morgenstunde schlug. Den Anfang des allgemeinen Hellerwerdens draußen vor dem Fenster erlebte er noch. Dann sank sein Kopf ohne seinen Willen gänzlich nieder, und aus seinen Nüstern strömte sein letzter Atem schwach hervor.

Als am frühen Morgen die Bedienerin kam – vor lauter Kraft und Eile schlug sie, wie oft man sie auch schon gebeten hatte, das zu vermeiden, alle Türen derartig zu, dass in der ganzen Wohnung von ihrem Kommen an kein ruhiger Schlaf mehr möglich war –, fand sie bei ihrem gewöhnlichen kurzen Besuch an Gregor zuerst nichts Besonderes. Sie dachte, er liege absichtlich so unbeweglich da und spiele den Beleidigten; sie traute ihm allen möglichen Verstand zu. Weil sie zufällig den langen Besen in der Hand hielt, suchte sie mit ihm Gregor von der Tür aus zu kitzeln. Als sich auch da kein Erfolg zeigte, wurde sie ärgerlich und stieß ein wenig in Gregor hinein, und erst als sie ihn ohne jeden Widerstand von seinem Platze geschoben hatte, wurde sie aufmerksam. Als sie bald den wahren Sachverhalt erkannte, machte sie große Augen, pfiff vor sich hin, hielt sich aber nicht lange auf, sondern riss die Tür des Schlafzimmers auf und rief mit lauter Stimme in das Dunkel hinein: „Sehen Sie nur mal an, es ist krepiert; da liegt es, ganz und gar krepiert!“

krepieren verenden, elend sterben

Das Ehepaar Samsa saß im Ehebett aufrecht da und hatte zu tun, den Schrecken über die Bedienerin zu verwinden, ehe es dazu kam, ihre Meldung aufzufassen. Dann aber stiegen Herr und Frau Samsa, jeder auf seiner Seite, eiligst aus dem Bett, Herr Samsa warf die Decke über seine Schultern, Frau Samsa kam nur im Nachthemd hervor; so traten sie in Gregors Zimmer. Inzwischen hatte sich auch die Tür des Wohnzimmers geöffnet, in dem Grete seit dem Einzug der Zimmerherren schlief; sie war völlig angezogen, als hätte sie gar nicht geschlafen, auch ihr bleiches Gesicht schien das zu beweisen. „Tot?", sagte Frau Samsa und sah fragend zur Bedienerin auf, trotzdem sie doch alles selbst prüfen und sogar ohne Prüfung erkennen konnte. „Das will ich meinen", sagte die Bedienerin und stieß zum Beweis Gregors Leiche mit dem Besen noch ein großes Stück seitwärts. Frau Samsa machte eine Bewegung, als wolle sie den Besen zurückhalten, tat es aber nicht. „Nun", sagte Herr Samsa, „jetzt können wir Gott danken." Er bekreuzte sich, und die drei Frauen folgten seinem Beispiel. Grete, die kein Auge von der Leiche wendete, sagte: „Seht nur, wie mager er war. So wie die Speisen hereinkamen, sind sie wieder hinausgekommen." Tatsächlich war Gregors Körper vollständig flach und trocken, man erkannte das eigentlich erst jetzt, da er nicht mehr von den Beinchen gehoben war und auch sonst nichts den Blick ablenkte. „Komm, Grete, auf ein Weilchen zu uns herein", sagte Frau Samsa mit einem wehmütigen Lächeln, und Grete ging, nicht ohne nach der Leiche zurückzusehen, hinter den Eltern in das Schlafzimmer. Die Bedienerin schloss die Tür und öffnete gänzlich das Fenster. Trotz des frühen Morgens war der frischen Luft ← schon etwas Lauigkeit beigemischt. Es war eben schon Ende März.

Aus ihrem Zimmer traten die drei Zimmerherren und sahen sich erstaunt nach ihrem Frühstück um; man hatte sie vergessen. „Wo ist das Frühstück?", fragte der mittlere der Herren mürrisch die Bedienerin. Diese aber legte den Finger an den Mund und winkte dann hastig und schweigend den Herren zu, sie möchten in Gregors Zimmer kommen. Sie kamen auch und standen dann, die Hände in den Taschen ihrer etwas abgenützten Röckchen, in dem nun schon ganz hellen Zimmer um Gregors Leiche herum.

Da öffnete sich die Tür des Schlafzimmers, und Herr Samsa erschien in seiner Livree an einem Arm seine Frau, am anderen seine Tochter. Alle waren ein wenig verweint; Grete drückte bisweilen ihr Gesicht in den Arm des Vaters.

„Verlassen Sie sofort meine Wohnung!", sagte Herr Samsa und zeigte auf die Tür, ohne die Frauen von sich zu lassen. „Wie meinen Sie das?", sagte der mittlere der Herren etwas bestürzt und lächelte süßlich. Die zwei anderen hielten die Hände auf dem Rücken und rieben sie ununterbrochen aneinander, wie in freudiger Erwartung eines großen Streites, der aber für sie günstig ausfallen musste. „Ich meine es genau so, wie ich es sage", antwortete Herr Samsa und ging in einer Linie mit seinen zwei Begleiterinnen auf den Zimmerherrn zu. Dieser stand zuerst still da und sah zu Boden, als ob sich die Dinge in seinem Kopf zu einer neuen Ordnung zusammenstellten. „Dann gehen wir also“, sagte er dann und sah zu Herrn Samsa auf, als verlange er in einer plötzlich ihn überkommenden Demut sogar für diesen Entschluss eine neue Genehmigung. Herr Samsa nickte ihm bloß mehrmals kurz mit großen Augen zu. Daraufhin ging der Herr tatsächlich sofort mit langen Schritten ins Vorzimmer; seine beiden Freunde hatten schon ein Weilchen lang mit ganz ruhigen Händen aufgehorcht und hüpften ihm jetzt geradezu nach, wie in Angst, Herr Samsa könnte vor ihnen ins Vorzimmer eintreten und die Verbindung mit ihrem Führer stören. Im Vorzimmer nahmen alle drei die Hüte vom Kleiderrechen, zogen ihre Stöcke aus dem Stockbehälter, verbeugten sich stumm und verließen die Wohnung. In einem, wie sich zeigte, gänzlich unbegründeten Misstrauen trat Herr Samsa mit den zwei Frauen auf den Vorplatz hinaus; an das Geländer gelehnt, sahen sie zu, wie die drei Herren zwar langsam, aber ständig die lange Treppe hinunterstiegen, in jedem Stockwerk in einer bestimmten Biegung des Treppenhauses verschwanden und nach ein paar Augenblicken wieder hervorkamen; je tiefer sie gelangten, desto mehr verlor sich das Interesse der Familie Samsa für sie, und als ihnen entgegen und dann hoch über sie hinweg ein Fleischergeselle mit der Trage auf dem Kopf in stolzer Haltung heraufstieg, verließ bald Herr Samsa mit den Frauen das Geländer, und alle kehrten, wie erleichtert, in ihre Wohnung zurück.

Kleiderrechen Kleiderhakenbrett

Sie beschlossen, den heutigen Tag zum Ausruhen und Spazierengehen zu verwenden; sie hatten diese Arbeitsunterbrechung nicht nur verdient, sie brauchten sie sogar unbedingt. Und so setzten sie sich zum Tisch und schrieben drei Entschuldigungsbriefe, Herr Samsa an seine Direktion, Frau Samsa an ihren Auftraggeber, und Grete an ihren Prinzipal. Während des Schreibens kam die Bedienerin herein, um zu sagen, dass sie fortgehe, denn ihre Morgenarbeit war beendet. Die drei Schreibenden nickten zuerst bloß, ohne aufzuschauen, erst als die Bedienerin sich immer noch nicht entfernen wollte, sah man ärgerlich auf. „Nun?“, fragte Herr Samsa. Die Bedienerin stand lächelnd in der Tür, als habe sie der Familie ein großes Glück zu melden, werde es aber nur dann tun, wenn sie gründlich ausgefragt werde. Die fast aufrechte kleine Straußfeder auf ihrem Hut, über die sich Herr Samsa schon während ihrer ganzen Dienstzeit ärgerte, schwankte leicht nach allen Richtungen. „Also was wollen Sie eigentlich?“, fragte Frau Samsa, vor welcher die Bedienerin noch am meisten Respekt hatte. „Ja“, antwortete die Bedienerin und konnte vor freundlichem Lachen nicht gleich weiterreden, „also darüber, wie das Zeug von

Prinzipal veraltet für Lehrherr, Geschäftsinhaber

nebenan weggeschafft werden soll, müssen Sie sich keine Sorge machen. Es ist schon in Ordnung." Frau Samsa und Grete beugten sich zu ihren Briefen nieder, als wollten sie weiterschreiben; Herr Samsa, welcher merkte, dass die Bedienerin nun alles ausführlich zu beschreiben anfangen wollte, wehrte dies mit ausgestreckter Hand entschieden ab. Da sie aber nicht erzählen durfte, erinnerte sie sich an die große Eile, die sie hatte, rief offenbar beleidigt: „Adjes allseits", drehte sich wild um und verließ unter fürchterlichem Türezuschlagen die Wohnung.

Adjes Abschiedsgruß: Lebe wohl!

„Abends wird sie entlassen", sagte Herr Samsa, bekam aber weder von seiner Frau, noch von seiner Tochter eine Antwort, denn die Bedienerin schien ihre kaum gewonnene Ruhe wieder gestört zu haben. Sie erhoben sich, gingen zum Fenster und blieben dort, sich umschlungen haltend. Herr Samsa drehte sich in seinem Sessel nach ihnen um und beobachtete sie still ein Weilchen. Dann rief er: „Also kommt doch her. Lasst schon endlich die alten Sachen. Und nehmt auch ein wenig Rücksicht auf mich." Gleich folgten ihm die Frauen, eilten zu ihm, liebkosten ihn und beendeten rasch ihre Briefe.

Elektrische elektrische Straßenbahn

Dann verließen alle drei gemeinschaftlich die Wohnung, was sie schon seit Monaten nicht getan hatten, und fuhren mit der Elektrischen ins Freie vor die Stadt. Der Wagen, in dem sie allein saßen, war ganz von warmer Sonne durchschienen. Sie besprachen, bequem auf ihren Sitzen zurückgelehnt, die Aussichten für die Zukunft, und es fand sich, dass diese bei näherer Betrachtung durchaus nicht schlecht waren, denn aller drei Anstellungen waren, worüber sie einander eigentlich noch gar nicht ausgefragt hatten, überaus günstig und besonders für später viel versprechend. Die größte augenblickliche Besserung der Lage musste sich natürlich leicht durch einen Wohnungswechsel ergeben; sie wollten nun eine kleinere und billigere, aber besser gelegene und überhaupt praktischere Wohnung nehmen, als es die jetzige, noch von Gregor ausgesuchte war. Während sie sich so unterhielten, fiel es Herrn und Frau Samsa im Anblick ihrer immer lebhafter werdenden Tochter fast gleichzeitig ein, wie sie in der letzten Zeit trotz aller Plage, die ihre Wangen bleich gemacht hatte, zu einem schönen und üppigen Mädchen aufgeblüht war. Stiller werdend und fast unbewusst durch Blicke sich verständigend, dachten sie daran, dass es nun Zeit sein werde, auch einen braven Mann für sie zu suchen. Und es war ihnen wie eine Bestätigung ihrer neuen Träume und guten Absichten, als am Ziele ihrer Fahrt die Tochter als Erste sich erhob und ihren jungen Körper dehnte.

BIOGRAFIE

Franz Kafka
1883–1924

Jahr	Ort	Ereignis	Alter
3. Juli 1883	Prag	Franz Kafka wird als 1. Kind des deutsch-jüdischen Kaufmanns Hermann Kafka (1852–1931) und seiner Frau Julie, geb. Löwy, (1856–1934) geboren.	
1889–1893	Prag	Besuch der „Deutschen Knabenschule am Fleischmarkt"; Geburt der Schwestern Gabriele, genannt Elli (1889), Valerie, genannt Valli (1890), Ottilie, genannt Ottla (1892); die jüngeren Brüder Georg (1885) und Heinrich (1887) sterben bereits im Kindesalter.	6–10
1893–1901	Prag	Besuch des humanistischen „K. K. Staatsgymnasiums mit deutscher Unterrichtssprache in Prag-Altstadt", in dieser Zeit entstehen *Frühwerke*, die später von Kafka vernichtet werden.	10–18
1896	Prag	Bar-Mizwa.	13
1900	Triesch Roztok bei Prag	Ferien bei seinem Lieblingsonkel, dem Landarzt Siegfried Löwy, in Triesch, Sommerferien mit den Eltern in Roztok bei Prag.	17
1901	Norderney Helgoland	Abitur, Ferien mit seinem Onkel Siegfried Löwy auf Norderney und Helgoland; Studienbeginn an der „Deutschen Universität Prag", zunächst Chemie, dann Jura, nebenbei hört er kunstgeschichtliche Vorlesungen.	18

Jahr	Ort	Ereignis	Alter
1902	Prag	Germanistikstudium, ab dem Wintersemester Fortführung des Jurastudiums; erste Begegnung mit Max Brod (1884–1968).	19
1903	Weißer Hirsch bei Dresden	Rechtshistorische Staatsprüfung; Aufenthalt im Naturheilsanatorium in Weißer Hirsch bei Dresden, danach in Südböhmen; Arbeit am verschollenen Roman *Das Kind und die Stadt*.	20
1904	Prag	Beginn der Arbeit an *Beschreibung eines Kampfes*, Erzählungen, Skizzen und Prosagedichte.	21
1905	Zuckmantel	Im Sommer: Sanatorium Schweinburg in Zuckmantel, im Winter: Beginn der regelmäßigen Zusammenkünfte mit den Freunden Oskar Baum, Felix Weltsch und Max Brod.	22
1906	Prag	Volontariat in einer Advokatur, Promotion zum Dr. jur., *Hochzeitsvorbereitungen auf dem Lande*.	23
1906–1907	Prag	„Rechtspraxis" zunächst beim Landgericht, dann beim Strafgericht.	23–24
1907	Prag	Ab Oktober: Aushilfskraft in der Assicurazioni Generale in Prag.	24
1908	Prag Tetschen Cernosic	Erste Veröffentlichung: acht Prosastücke aus dem späteren Band *Betrachtung* in der Zeitschrift Hyperion; Eintritt als „Aushilfsbeamter" in die „Arbeiter-Unfall-Versicherungsanstalt" für das Königreich Böhmen in Prag, erste Dienstreise nach Tetschen und Cernosic; Beginn der engen Freundschaft mit Max Brod.	25
1909	Riva Tetschen Pilsen	Ferienreise mit Max und Otto Brod nach Riva am Gardasee; zahlreiche Dienstreisen (Tetschen, Pilsen, Maffersdorff); *Aeroplane in Brescia*, Beginn der *Tagebücher*.	26
1910	Prag Paris	Ernennung zum „Anstaltsconcipisten"; Besuch von Wahlversammlungen und sozialistischen Massenveranstaltungen sowie einer jiddischen Schauspieltruppe; Ferienreise mit Max und Otto Brod nach Paris.	27
1911	Friedland Italien Paris Erlenbach bei Zürich	Dienstreisen u.a. nach Friedland, Reichenberg und Grottau; Ferienreise mit Max Brod an die oberitalienischen Seen und nach Paris; Aufenthalt im Naturheilsanatorium Fellenberg in Erlenbach bei Zürich; stiller Teilhaber an einer Asbestfabrik; Leidenschaft für das jiddische Theater, Freundschaft mit dem jiddischen Schauspieler Jizchak Löwy, Beschäftigung mit dem Judentum.	28

Jahr	Ort	Ereignis	Alter
1912	Prag Weimar Harz	Erste Fassung des *Verschollenen;* Ferienreise mit Max Brod nach Weimar, Aufenthalt im Naturheilsanatorium „Just's Jungborn" im Harz; Zusammenstellung des ersten Bandes *Betrachtung*; lernt im Hause Brod Felice Bauer kennen, Beginn der Korrespondenz mit ihr; *Das Urteil*, *Die Verwandlung*.	29
1913	Prag Wien	Ernennung zum „Vice-Sekretär"; verschiedene Treffen mit Felice Bauer, Heiratsantrag an Felice Bauer; Begegnung mit Grete Bloch und Beginn der Korrespondenz; Dienstreisen mit seinem Vorgesetzten nach Wien; Heirat Max Brods; *Der Heizer*.	30
1914	Berlin	Offizielle Verlobung mit Felice Bauer; *Verlockung im Dorf*, Aussprache mit Felice Bauer im Berliner Hotel „Askanischer Hof", Lösung der Verlobung; Beginn der Arbeit am *Proceß*, *In der Strafkolonie*.	31
1915	Ungarn Frankenstein	Erstes Wiedersehen mit Felice Bauer; Reise nach Ungarn; Sanatoriumsaufenthalt in Frankenstein bei Rumburg; Carl Sternheim gibt die mit dem Fontanepreis verbundene Geldsumme an Kafka weiter.	32
1916	Marienbad München	Ferien mit Felice in Marienbad (inoffizielle Verlobung); öffentliche Lesung in München; *Der Gruftwächter*, Fragmente von *Der Jäger Graccus*, mehrere Erzählungen, u.a. *Ein Landarzt*.	33
1917	Prag	*Ein Bericht für eine Akademie*, *Die Sorge eines Hausvaters*, *Beim Bau der Chinesischen Mauer*; zweite offizielle Verlobung mit Felice; erster Blutsturz, Beginn der Lungentuberkulose; Entlobung von Felice.	34
1918		Hebräischstudien.	35
1919	Schlesien Prag	Verlobung mit Julie Wohryzek; *Brief an den Vater*; Felice Bauer heiratet.	36
1920	Matliary	Beförderung zum „Anstaltssekretär"; Entlobung mit Julie Wohryzek; erster Entwurf zu *Das Schloss*; Sanatoriumsaufenthalt in Matliary (Hohe Tatra); Freundschaft mit Robert Klopstock; Begegnung mit Milena Jesenská.	37
1921	Prag	*Erstes Leid*.	38
1922	Prag	*Ein Hungerkünstler*, *Fürsprecher*, Beginn mit der Arbeit am *Schloss*; Beförderung zum „Obersekretär", vorzeitige krankheitsbedingte Pensionierung; letzte Begegnung mit Milena Jesenská.	39

Jahr	Ort	Ereignis	Alter
1923	Berlin	Hebräischstudien; lernt Tile Rößler und Dora Diamant (Dymant) kennen; Übersiedlung nach Berlin zusammen mit Dora Diamant; *Eine kleine Frau, Der Bau.*	40
1924	Berlin Prag Kierling	Rückkehr nach Prag; *Josefine, die Sängerin*; Diagnose Kehlkopftuberkulose; in Begleitung Klopstocks und Dora Diamants ins Sanatorium Hoffmann in Kierling bei Klosterneuburg; Doras Vater verweigert seine Zustimmung zur Eheschließung; Kafka stirbt am 3. Juni, einen Monat vor seinem 41. Geburtstag.	41
1925	Berlin	Max Brod gibt den *Proceß* heraus.	
1942	Chelmno	Tod der Schwestern Elli und Valli im Vernichtungslager Chelmno (Kulmhof).	
1943	Auschwitz	Tod der Schwester Ottla im Vernichtungslager Auschwitz.	
1944	Ravensbrück Auschwitz	Tod Milena Jesenskás im Konzentrationslager Ravensbrück und Grete Blochs in Auschwitz.	

WORT- UND SACHERKLÄRUNGEN

Titel: *Die Verwandlung* Das Verwandlungsmotiv findet sich sowohl in antiken Mythen als auch im Märchen (Volks- bzw. Kunstmärchen), es besitzt jedoch auch eine lange literarische Tradition (von Ovid bis Goethe). Kafka lässt in seinen Briefen an Felice Bauer den bestimmten Artikel gelegentlich weg (vgl. Brief vom 23. 11. 1912: „meine kleine Geschichte […] heißt *Verwandlung* […]").

5 **Gregor Samsa** Der Name des Protagonisten ähnelt dem des Autors (fünf Buchstaben, Doppelung des Vokals a). Die Forschung sieht zudem einen Bezug zu dem Roman *Venus im Pelz* (1870) von Leopold von Sacher-Masoch (1836–1895), dessen Hauptfigur ebenfalls Gregor heißt; „Samsa" könnte demnach eine Verballhornung von „Sacher-Masoch" sein. Als weitere Inspirationsquelle kommt laut dem Kafka-Forscher Hartmut Binder Jakob Wassermanns Roman *Die Geschichte der jungen Renate Fuchs* (1901) in Frage, in der ein Gregor Samassa auftritt.

ungeheueren Ungeziefer *Die Verwandlung* nimmt die verächtliche Metapher wörtlich, mit der der Vater des Autors, Hermann Kafka, den Schauspieler Jizchak Löwy (1887–1942) bedacht hat.

etwas zu kleines Menschenzimmer Ungewöhnliche Wortbildung, analog zu „Kinderzimmer", die auf Gregors Position innerhalb des Familiensystems hinweist und auf seine Regression vom Ernährer zum kranken Kind in Folge seiner Verwandlung.

Musterkollektion Eine Auswahl derjenigen Waren, die der Reisende verkauft und die nach Vertragsabschluss direkt von der Fabrik geliefert werden.

das Bild … untergebracht hatte Die abgebildete Dame mit der Pelzboa ist, als Sinnbild erotischer Verlockung, eine weitere Anspielung auf Leopold von Sacher-Masochs Skandalroman *Venus im Pelz* über einen submissiven Mann, der erotischen Lustgewinn daraus zieht, sich von einer dominanten Frau auspeitschen zu lassen.

Verkehr Damit ist der menschliche Verkehr im beruflichen Alltag gemeint, zugleich klingt jedoch auch „Geschlechtsverkehr" an. Den Schlusssatz seiner Erzählung *Das Urteil* deutete Kafka selbst sexuell (der „unendliche Verkehr" als eine „starke Ejakulation", Max Brod: *Über Franz Kafka.* Frankfurt am Main: Fischer Taschenbuch Verlag, 1966, S. 114).

ein leichtes Jucken oben auf dem Bauch Einige Kafka-Forscher sehen hier eine Anspielung auf das damals als Laster geltende Bedürfnis nach Onanie bzw. Selbstbefriedigung.

6 **Haremsfrauen** Harem *(arab.)*: Abgeschlossener, bewachter Wohnbereich, in dem die Frauen eines muslimischen Familienoberhaupts leben.

dieses Möbel erschütternde Läuten In dieser Übertreibung spiegelt sich Kafkas hohe Lärmempfindlichkeit wider, vgl. das Prosastück *Lärm* (1911).

7 **die Tür am Kopfende** Den Wohnverhältnissen in der Erzählung liegen modellhaft jene der Familie Kafka in der Wohnung Niklasstraße 36, Prag, zugrunde.

13 **mich dem Herrn Chef zu empfehlen** Gehoben veraltend für „Grüßen Sie den Chef von mir".

16 **jemandes Partei halten** Sich auf jemandes Seite stellen, ihn unterstützen.

Heidengeld übermäßig viel Geld, Analogbildung zu „Heidenangst" usw.

18 **Sessel** In Österreich-Ungarn, also auch in Prag, wurde damit ein Stuhl bezeichnet; für Sessel sagte man dagegen „Fauteuil". In Österreich auch heute noch allgemein übliche Bezeichnung für Stuhl.

24 **Wertheimkassa** Kasten der österreichischen Firma Wertheim, der im Kontor hinter dem Verkaufsraum stand.

Vormerkbuch Das Auftragsbuch des Handelsvertreters.

25 **Provision** *(ital.)* Im Handel übliche Form der Vergütung, die in Prozenten vom Umsatz berechnet wird.

Konservatorium *(ital.)* (Hoch)schule für die Ausbildung von Musikern.

30 **Höhle** Gregors „Menschenzimmer" hat sich in der Vorstellung inzwischen in eine tierische Unterkunft verwandelt. Vgl. *Der Bau* (1923/24).

31 **Handelsakademiker** *(österr.)* Schüler einer höheren Handelsschule.

32 **Pelzwerk** Kleidungsstücke aus Pelz, in diesem Fall Pelzhut, Pelzboa, Pelzmuff (s. Seite 5, Z. 18 ff.).

Essenz Hier: konzentrierte [alkoholische] Lösung meist pflanzlicher Stoffe, besonders ätherischer Öle.

34 **Nun aber … aufgerichtet** Der seine patriarchale Macht zurückgewinnende Vater (vgl. „müde im Bett vergraben", S. 33, Z. 42 f.) erinnert an die Vaterfigur in Kafkas Erzählung *Das Urteil*: anfangs bettlägerig und pflegebedürftig, verurteilt er am Ende den Protagonisten zum Tode.

Goldmonogramm Monogramm: Namenszeichen, meist aus den Anfangsbuchstaben von Vor- und Familiennamen.

machten sie mehrmals die Runde Die Szene erinnert an eine Passage im *Brief an den Vater*: „Schrecklich war es auch, wenn Du schreiend um den Tisch herumliefst, um einen zu fassen, offenbar gar nicht fassen wolltest, aber doch so tatest und die Mutter einen schließlich scheinbar rettete." (vgl. S. 75)

35 **ein Apfel** Auf die biblische Symbolik – der Apfel der Sündenfallgeschichte – wurde in der Forschung häufig hingewiesen.

Invalide Hier: körperlich geschädigter Kriegsversehrter.

40 **Aschenkiste** Behälter für die Asche aus einem mit Holz oder Kohle beheizten Ofen.

41 **mannigfachen** In großer Anzahl und von verschiedener Art.

43 **ihren Hals küssen** Dass Gregors Annäherungswunsch über den von den gesellschaftlichen Konventionen gestatteten Wangenkuss hinausgeht, verrät seine unbewusst inzestuöse Motivation. Vgl. die vampirischen Küsse, mit denen im *Proceß*-Roman Josef K. „wie ein durstiges Tier" über Fräulein Bürstner herfällt: „Schließlich küsste er sie auf den Hals, wo die Gurgel ist, und dort ließ er die Lippen lange liegen." (Franz Kafka: *Der Proceß. Roman in der Fassung der Handschrift.* Frankfurt am Main: Fischer Taschenbuch Verlag, 2008, S. 39).

48 **Lauigkeit** Weder warm noch kalt, mäßig warm.

MATERIALIEN

Zugänge

Franz Kafka gilt als einer der schwierigsten Schriftsteller. Dass gerade *Die Verwandlung* schon bei zeitgenössischen Lesern Verwunderung hervorrief, belegt ein Leserbrief, den Kafka 1917, zwei Jahre nach Erscheinen der Erstausgabe, erhielt. Kafkas Ruf als „Schwieriger" ist insofern paradox, als seine Prosa rein sprachlich gesehen vergleichsweise leicht zu lesen und verstehen ist. Dennoch hat sich für die charakteristischen Effekte der Irritation und Verstörung, des Unheimlichen in seinen Texten sogar ein eigenes Adjektiv eingebürgert: „kafkaesk".

Szene aus dem Fernsehfilm *Die Verwandlung* von 1975

Denis Pöpping als Gregor Samsa im Theater an der Parkaue in Berlin 2007

Brief eines ratlosen Lesers (Siegfried Wolff, 1917)

Charlottenburg, 10/4.17

Sehr geehrter Herr,
Sie haben mich unglücklich gemacht.
Ich habe Ihre *Verwandlung* gekauft und meiner Kusine geschenkt. Die weiß sich die Geschichte aber nicht zu erklären.
Meine Kusine hats ihrer Mutter gegeben, die weiß auch keine Erklärung. Die Mutter hat das Buch meiner anderen Kusine gegeben und die hat auch keine Erklärung.
Nun haben sie an mich geschrieben. Ich soll Ihnen die Geschichte erklären. Weil ich der Doctor der Familie wäre. Aber ich bin ratlos.
Herr! Ich habe Monate hindurch im Schützengraben mich mit dem Russen herumgehauen und nicht mit der Wimper gezuckt. Wenn aber mein Renommee bei meinen Kusinen zum Teufel ginge, das ertrüg ich nicht.
Nur Sie können mir helfen. Sie müssen es; denn Sie haben mir die Suppe eingebrockt. Also bitte sagen Sie mir, was meine Kusine sich bei der *Verwandlung* zu denken hat.
Mit vorzüglicher Hochachtung
ergebenst Dr Siegfried Wolff

Franz Kafka: *Briefe 1914–1917*. Hrsg. v. Hans-Gerd Koch. (Kritische Ausgabe) Frankfurt am Main: S. Fischer Verlag, 2005, S. 744.

Beim Lesen Kafkas (Jurek Becker, 1983)

Ich bin mir des Eindrucks bewusst, den Kafkas Bücher auf mich gemacht haben, weiß aber ganz und gar nicht, wie die Folgen sind und ob es sie gibt. Ich sehe auch keinen Sinn darin, es unbedingt herausfinden zu wollen. Im Übrigen gibt es Eindrücke, die umso tiefer sind, je länger man darüber schweigt.
Kafkas Texte, alle, scheinen mir von unerhörter Einseitigkeit zu sein. Zuerst war mir das ein Hindernis, mit ihnen vertraut zu werden. Bis ich zu ahnen anfing, dass man so dem beschriebenen Gegenstand näherkommen kann als auf jede andere Weise. Inzwischen kommt mir diese Einseitigkeit wie eine Voraussetzung von Literatur vor. Oft ist mir beim Lesen Kafkas, als säße ich in einer Höhle. Ich bin auf merkwürdige Weise von allem abgeschnitten und mit dem Text allein. Ich schenke den einzelnen Worten mehr Beachtung als beim üblichen Lesen, und die dargestellten Vorgänge treffen mich wohl härter.
Immer wieder, auch beim siebenten Lesen, überrascht es mich, auf was für Nebensächlichkeiten Kafka sich einlässt, welche Kleinigkeiten er der

Beschreibung für werthält. Oft sind dies solche, von denen andere Autoren meinen, die Mühe der genauen Erwähnung werde durch die Winzigkeit des Details nicht aufgewogen; und daher lohne die Erwähnung nicht. Kafka aber beweist, dass dieses Winzige das ist, worum es eigentlich geht. Nicht so sehr sein anderes Schreiben bewegt mich, wie die Darstellung des woanders nicht Beschriebenen.

Jurek Becker: *Beim Lesen Kafkas*. Aus: Diskussion Deutsch, Heft 72/1983, S. 455.

Wer ist Franz Kafka? Und was bedeutet „kafkaesk"? (Thomas Anz, 1989)

Wer ist Franz Kafka? „Franz Kafka", das ist für uns nicht nur ein Eigenname zur Identifikation einer bestimmten Person, sondern der Name eines bedeutenden Autors. Texte, die unter seinem Namen veröffentlicht sind, haben das Vorrecht, unendlich oft kommentiert und interpretiert zu werden. Der Name Kafka ist darüber hinaus zum allgemein verbreiteten Zeichen geworden, dessen Bedeutung sich von seiner Person längst losgelöst und gegenüber seinen Schriften verselbstständigt hat. Man kennt Kafka sogar, ohne ihn je gelesen zu haben. Man weiß von Kafka aufgrund mehr oder weniger gelungener Aufbereitungen seiner Prosatexte für das Theater oder für den Film, aufgrund von Umdichtungen, Paraphrasen, Anspielungen, Zitaten und zahllosen Imitationen. Die literarische Fantasiewelt Kafkas hat unsere Weltdeutungen und Wahrnehmungsmuster wie das Werk kaum eines anderen Autors okkupiert und präformiert.

Die Zeichen der Kafkapopularität sind recht unterschiedlich. Eines davon, ein bemerkenswertes, ist der Begriff „kafkaesk". Seit den siebziger Jahren wurde er für wörterbuchreif befunden. Der deutsche Rechtschreibeduden führt das Wort zum ersten Mal in seiner 17. Auflage von 1973 auf. Das von der Duden-Redaktion bearbeitete *Große Wörterbuch der deutschen Sprache* erläutert 1977 „kafkaesk" als bildungssprachlichen Ausdruck, der so viel bedeutet wie „in der Art der Schilderungen Kafkas; auf rätselhafte Weise unheimlich, bedrohlich".

Ursprünglich wurde das Wort „kafkaesk" in innerliterarischen Zusammenhängen gebraucht, und zwar zur Bezeichnung von literarischen Textmerkmalen, die sich der Ähnlichkeiten mit oder der Nachahmung von Kafka-Texten verdanken. Die eigentliche Karriere des Begriffes begann jedoch erst mit seiner Verwendung zur Bezeichnung außerliterarischer Sachverhalte. Dabei stand er für Situationen und diffuse Erfahrungen der Angst, Unsicherheit und Entfremdung, des Ausgeliefertseins an unbegreifliche, anonyme, bürokratisch organisierte Mächte, der Konfrontation mit Terror, Absurdität, Ausweg- oder Sinnlosigkeit, mit innerer Düsternis, Schuld und Verzweiflung. Mit dem landläufigen Adjektiv „kafkaesk" ließen sich solche Erfahrungen literarisch autorisieren und nobilitieren, doch mit Kafka und seinem Werk hat die Bezeichnung „kafkaesk" nur noch entfernt etwas zu tun. Die mit ihr verbundenen Vorstellungen sind weitgehend festgelegt und gegenüber Korrekturen durch genauere, kenntnisreichere und methodisch versiertere Text- und Kontextlektüren kaum noch zu erschüttern. (...)

Thomas Anz: *Franz Kafka.* München: Verlag C. H. Beck, 1989, S. 14 f.

„Ein Buch muss die Axt sein für das gefrorene Meer in uns" – Kafka und die Moderne (Thomas Anz, 1989)

(...) Die psychischen Modernisierungsschäden, die im 20. Jahrhundert immer wieder als Erfahrungen einer fremd werdenden, versachlichten, kalten und undurchschaubaren Lebenswelt beschrieben wurden, sind durchgängige Motive in Kafkas Werk. Als Angestellter der Prager Arbeiter-Unfall-Versicherung war er mit den Folgelasten der modernisierten Arbeitswelt unmittelbar konfrontiert. Von der modernen Kolonialisierung des Kopfes und des Körpers durch Justiz, Bürokratie oder Erziehung handelt sein Werk ebenso wie von neuen Verkehrs- und Nachrichtentechniken. (...)

Die Vertreibung des sechszehnjährigen Karl Rossmann [in Kafkas Roman *Der Verschollene/Amerika*] aus der europäischen Heimat in die Fremde des modernen Amerika gleicht den Konfrontationen des Europäers mit den Modernisierungsprozessen im eigenen Land. Beides wird ihm fremd und undurchschaubar: die alten, ehemals Orientierung und Halt gebenden Tradition ebenso wie die neue Welt, von der der Onkel in Amerika sagt: „Alle Entwicklungen gehen hier so schnell vor sich". Einer Form von Literatur und Literaturwissenschaft, die sich die Kompensation technisch-wissenschaftlicher Modernisierungsschäden zur Aufgabe macht, kommt dieses Werk nicht entgegen. Der Name Kafka steht vielmehr für ein ästhetisch modernes Konzept, das sich, in Opposition zu den ideologisierten Traditionen der klassisch-idealistischen Ästhetik, der Indienstnahme für kompensatorische Aufgaben hartnäckig verweigert. In einem frühen Brief an den Freund Oskar Pollak schrieb Kafka die später viel zitierten Sätze: „Ich glaube, man sollte überhaupt nur solche Bücher lesen, die einen beißen oder stechen. Wenn das Buch, das wir lesen, uns nicht mit einem Faustschlag auf den Schädel weckt, wozu lesen wir dann das Buch? Damit es uns glücklich macht, wie Du schreibst? Mein

Gott, glücklich wären wir eben auch, wenn wir keine Bücher hätten, und solche Bücher, die uns glücklich machen, könnten wir zur Not selber schreiben. Wir brauchen aber die Bücher, die auf uns wirken wie ein Unglück, das uns sehr schmerzt, wie der Tod eines, den wir lieber hatten als uns, wie wenn wir in Wälder verstoßen würden, von allen Menschen weg, wie ein Selbstmord, ein Buch muss die Axt sein für das gefrorene Meer in uns." (...) In ähnliche Richtung zielte der Brief, den Kafka später, im Oktober 1916, an seinen Verleger Kurt Wolff schrieb. Dieser hatte das Peinliche an der Erzählung *In der Strafkolonie* gerügt und bekam zur Antwort: „Ihr Aussetzen des Peinlichen trifft ganz mit meiner Meinung zusammen, die ich freilich in dieser Art fast gegenüber allem habe, was bisher von mir vorliegt. Bemerken Sie, wie wenig in dieser oder jener Form von diesem Peinlichen frei ist! Zu Erklärung dieser letzten Erzählung füge ich nur hinzu, dass nicht nur sie peinlich ist, dass vielmehr unsere allgemeine und meine besondere Zeit gleichfalls sehr peinlich war und ist und meine besondere sogar noch länger peinlich als die allgemeine." (...)
Kafkas literarische Fantasien sind keineswegs so phantastisch und realitätsentrückt, wie uns das manche Interpreten einreden wollen. Die Realität, auf die sie sich beziehen, ist in allen ihren Peinlichkeiten die seiner Zeit im Allgemeinen und zugleich die seiner eigenen Person im Besonderen. (...)

Thomas Anz: *Franz Kafka*. München: Verlag C. H. Beck, 1989, S. 17 ff.

Wie sieht der verwandelte Gregor eigentlich aus? (Vladimir Nabokov, ca. 1950)

(...) Wie sieht denn nun das „Ungeziefer" aus, in das der arme Gregor, der kleine Handlungsreisende, sich so unvermittelt verwandelt sieht? Es ist offensichtlich von der Gattung der ‚Gliederfüßler' (*Arthropoda*), der Insekten, Spinnentiere, Tausendfüßler und Schalentiere angehören. Wären mit den „vielen Beinen" am Beginn der Erzählung mehr als sechs gemeint, könnte Gregor zoologisch gesehen kein Insekt sein. Aber ich denke mir, dass jemand, der auf dem Rücken liegend erwacht und immerhin sechs Beine vor seinen Augen in der Luft flimmern sieht, sie als ‚viele' empfindet. Wir gehen also davon aus, dass Gregor sechs Beine hat und mithin ein Insekt ist.

Die nächste Frage wäre: was für eines? Gelegentlich heißt es: eine *Küchenschabe*, das aber ergibt selbstverständlich keinen Sinn. Eine Küchenschabe ist flach und hat lange Beine, das ist bei Gregor keineswegs der Fall – er ist an Bauch und Rücken gewölbt und hat Bein*chen*. Nur in einem Punkt ähnelt er der genannten Schabe: Er ist braun. Das ist alles. Ansonsten hat er ein riesiges, gewölbtes und in Abschnitte unterteiltes Abdomen sowie einen harten Rückenpanzer, der an Flügeldecken denken lässt. Bei Käfern liegen unter diesen chitinösen Flügeldecken dünne häutige Flügel, mit deren Hilfe sie, wenn sie sie entfalten, schwerfällig ziemlich weit zu fliegen vermögen. Eigentümlicherweise hat der Käfer Gregor die Flügel unter seinem harten Rückenpanzer nie bemerkt. (...) Außerdem besitzt Gregor starke Kiefer, mit denen er, während er aufrecht auf den Hinterbeinen steht, seinem (kräftig ausgebildeten) dritten Beinpaar, den Schlüssel im Schloss dreht. Damit kennen wir seine Körpergröße – sie beträgt etwa neunzig Zentimeter. Im Verlauf der Erzählung lernt er allmählich, seine neuen Extremitäten, also die Fühler und die Beine, zu gebrauchen. Dieser braune rundliche Käfer von Hundegröße ist sehr breit (...). Die Bedienerin spricht ihn in offensichtlich unfreundlicher Absicht als Mistkäfer an. Zoologisch gesprochen stimmt das nicht, er ist lediglich ein großer Käfer. (Ich muss hinzufügen, dass weder Gregor noch Kafka sich diesen Käfer besonders deutlich vor Augen geführt haben.) (...)

Vladimir Nabokov: *Die Kunst des Lesens. Meisterwerke der europäischen Literatur.* Hrsg. v. Fredson Bowers. Aus dem Englischen von Karl A. Klewer unter der Mitarbeit von Robert A. Russell. Frankfurt am Main: Fischer Taschenbuch Verlag, 1991, S. 322 f.

Zeugnisse zur Entstehungs- und Druckgeschichte

Die Entstehung des Textes ist aufgrund des Briefwechsels mit Felice Bauer (1887–1960), Kafkas ersteVerlobte, gut dokumentiert. Kafka hatte die Berliner Angestellte am 13. August 1912 im Hause seines Freundes Max Brod kennengelernt. Die folgenden Wochen standen im Zeichen der Hoffnung auf eine Eheschließung, verbunden mit dem Traum von einem Leben als freier Schriftsteller in Berlin. Zugleich lebte er aber noch in der elterlichen Wohnung in Prag und musste familiären und beruflichen Verpflichtungen (als Angestellter der Prager „Arbeiter Unfall-

Versicherungsanstalt") nachkommen. Hinzu kamen Ängste vor zu viel Nähe und Sexualität, die er auch als Gefahr für sein Schreiben sah. Dies alles führte in der zweiten Jahreshälfte 1912, mitten in der Arbeit am ersten Roman (*Der Verschollene*, 1912–14), zu einem Produktivitätsschub; es entstanden u. a. die Erzählungen *Das Urteil* und *Die Verwandlung*. Veröffentlicht wurde der Text erst 1915 von dem auf expressionistische Werke spezialisierten Verleger Kurt Wolff. Gegenüber dem Verlag sprach sich der Autor vehement gegen eine Darstellung des verwandelten Protagonisten auf dem Cover aus.

Aus den Briefen an Felice Bauer (Franz Kafka, 1912/13)

1. November 1912

Liebes Fräulein Felice!

(...) Mein Leben besteht und bestand im Grunde von jeher aus Versuchen zu schreiben und meist aus misslungenen. Schrieb ich aber nicht, dann lag ich auch schon auf dem Boden, wert hinausgekehrt zu werden. Nun waren meine Kräfte seit jeher jämmerlich klein und, wenn ich es auch nicht offen eingesehen habe, so ergab es sich doch von selbst, dass ich auf allen Seiten sparen, überall mir ein wenig entgehen lassen müsse, um für das, was mir mein Hauptzweck schien, eine zur Not ausreichende Kraft zu behalten. (...)

Franz Kafka: *Briefe an Felice und andere Korrespondenz aus der Verlobungszeit.* Hrsg. v. Erich Heller und Jürgen Born. Frankfurt am Main: Fischer Taschenbuch Verlag, [1976] 1988, S. 65.

Franz Kafka und Felice Bauer bei ihrer Verlobung 1917

17. November 1912

(...) Wieder antworte ich auf nichts, aber Antworten ist eben Sache der mündlichen Rede, durch Schreiben kann man nicht klug werden, höchstens eine Ahnung des Glücks bekommen. Ich werde Dir übrigens heute wohl noch schreiben, wenn ich auch noch heute viel herumlaufen muss und eine kleine Geschichte niederschreiben werde, die mir in dem Jammer im Bett eingefallen ist und mich innerlichst bedrängt.

Ebd., S. 102.

18. November 1912

Meine Liebste, es ist ½2 nachts, die angekündigte Geschichte ist bei weitem noch nicht fertig, am Roman [*Der Verschollene/Amerika*] ist heute keine Zeile geschrieben worden, ich gehe mit wenig Begeisterung ins Bett. Hätte ich die Nacht frei, um sie, ohne die Feder abzusetzen, durchschreiben zu können bis zum Morgen! Es sollte eine schöne Nacht werden. (…)

Ebd.

18. November 1912

(…) Gerade setzte ich mich zu meiner gestrigen Geschichte mit einem unbegrenzten Verlangen, mich in sie auszugießen, deutlich von aller Trostlosigkeit aufgestachelt. Von so vielem bedrängt, über Dich in Ungewissem, gänzlich unfähig, mit dem Bureau auszukommen, angesichts dieses seit einem Tag stillstehenden Romans [*Der Verschollene/Amerika*] mit einem wilden Wunsch, die neue, gleichfalls mahnende Geschichte fortzusetzen, seit einigen Tagen und Nächten bedenklich nahe an vollständiger Schlaflosigkeit und noch einiges weniger Wichtige, aber doch Störende und Aufregende im Kopf – (…).

Ebd., S. 105.

23. November 1912

(…) Es ist sehr spät in der Nacht, ich habe meine kleine Geschichte weggelegt, an der ich allerdings schon zwei Abende gar nichts gearbeitet habe und die sich in der Stille zu einer größern Geschichte auszuwachsen beginnt. Zum Lesen sie Dir geben, wie soll ich das? selbst wenn sie schon fertig wäre? Sie ist recht unleserlich geschrieben und selbst wenn das kein Hindernis wäre, denn ich habe Dich gewiss bisher durch schöne Schrift nicht verwöhnt, so will ich Dir auch nichts zum Lesen schicken. Vorlesen will ich Dir. Ja, das wäre schön, diese Geschichte Dir vorzulesen und dabei gezwungen zu sein, Deine Hand zu halten, denn die Geschichte ist ein wenig fürchterlich. Sie heißt *Verwandlung*, sie würde Dir tüchtig Angst machen und Du würdest vielleicht für die ganze Geschichte danken, denn Angst ist es ja, die ich Dir mit meinen Briefen leider täglich machen muss. (…) Dem Helden meiner kleinen Geschichte ist es aber auch heute gar zu schlecht gegangen und dabei ist es nur die letzte Staffel seines jetzt dauernd werdenden Unglücks. (…)

Ebd., S. 116.

24. November 1912

Liebste! Was ist das doch für eine ausnehmend ekelhafte Geschichte, die ich jetzt wieder beiseite lege, um mich in den Gedanken an Dich zu erholen. Sie ist jetzt schon ein Stück über ihre Hälfte fortgeschritten und ich bin auch im Allgemeinen mit ihr nicht unzufrieden, aber ekelhaft ist sie grenzenlos und solche Dinge, siehst Du, kommen aus dem gleichen Herzen, in dem Du wohnst und das Du als Wohnung duldest. Sei darüber nicht traurig, denn, wer weiß, je mehr ich schreibe und je mehr ich mich befreie, desto reiner und würdiger werde ich vielleicht für Dich, aber sicher ist noch vieles aus mir hinauszuwerfen und die Nächte können gar nicht lang genug sein für dieses übrigens äußerst wollüstige Geschäft. (...)

Ebd., S. 117.

25. November 1912

Nun muss ich heute, Liebste, meine kleine Geschichte, an der ich heute gar nicht soviel wie gestern gearbeitet habe, weglegen und sie wegen dieser verdammten Kratzauer Reise einen oder gar zwei Tage ruhen lassen. Es tut mir so leid, wenn es auch hoffentlich keine allzuschlimmen Folgen für die Geschichte haben wird, für die ich doch noch 3–4 Abende nötig habe. Mit den nicht allzu schlimmen Folgen meine ich, dass die Geschichte schon genug durch meine Arbeitsweise leider geschädigt ist. Eine solche Geschichte müsste man höchstens mit einer Unterbrechung in zweimal 10 Stunden niederschreiben, dann hätte sie ihren natürlichen Zug und Sturm, den sie vorigen Sonntag in meinem Kopfe hatte. Aber über zweimal zehn Stunden verfüge ich nicht. So muss man bloß das Bestmögliche zu machen suchen, da das Beste einem versagt ist. Aber schade, dass ich sie Dir nicht vorlesen kann, schade, schade (...).

Ebd., S. 125.

Vom 5. zum 6. Dezember 1912

Weine, Liebste, weine, jetzt ist die Zeit des Weinens da! Der Held meiner kleinen Geschichte ist vor einer Weile gestorben. Wenn es Dich tröstet, so erfahre, dass er genug friedlich und mit allen ausgesöhnt gestorben ist. Die Geschichte selbst ist noch nicht ganz fertig, ich habe keine rechte Lust jetzt mehr für sie und lasse den Schluss bis morgen. Es ist auch schon sehr spät und ich hatte genug zu tun, die gestrige Störung zu überwinden. Schade, dass in manchen Stellen der Geschichte deutlich meine Ermüdungszustände und sonstige Unterbrechungen und nicht dazugehörige Sorgen eingezeichnet sind, sie hätte gewiss reiner gearbeitet werden können, gerade an den süßen Seiten sieht man das. (...)

Ebd., S. 160.

Vom 6. zum 7. Dezember 1912

Liebste, also höre, meine kleine Geschichte ist beendet, nur macht mich der heutige Schluss gar nicht froh, er hätte schon besser sein dürfen, das ist kein Zweifel. (...)

Ebd., S. 163.

1. März 1913, 2 Uhr nachts

Nur paar Worte, Liebste. Ein schöner Abend bei Max. Ich las mich an meiner Geschichte in Raserei. Wir haben es uns dann wohl sein lassen und viel gelacht. Wenn man Türen und Fenster gegen diese Welt absperrt, lässt sich doch hie und da der Schein und fast der Anfang einer Wirklichkeit eines schönen Daseins erzeugen. (...)

Ebd., S. 320.

Aus den Tagebüchern (Franz Kafka, 1913/14)

20. Oktober 1913

(...) nun las ich zu Hause *Die Verwandlung* und finde sie schlecht. Vielleicht bin ich wirklich verloren, die Traurigkeit von heute Morgen wird wiederkommen, ich werde ihr nicht lange widerstehen können, sie nimmt mir jede Hoffnung. Ich habe nicht einmal Lust, ein Tagebuch zu führen, vielleicht weil darin schon zu viel fehlt, vielleicht weil ich immerfort nur halbe und allem Anschein nach notwendig halbe Handlungsweisen beschreiben müsste, vielleicht weil selbst das Schreiben zu meiner Traurigkeit beiträgt. (...)

Franz Kafka: *Tagebücher 1910–1923*. Hrsg. v. Max Brod. Frankfurt am Main: Fischer Taschenbuch Verlag, [1973] 1986, S. 202 f.

19. Januar 1914

(...) Großer Widerwillen vor *Verwandlung*. Unlesbares Ende. Unvollkommen fast bis in den Grund. Es wäre viel besser geworden, wenn ich damals nicht durch die Geschäftsreise gestört worden wäre.

Ebd., S. 220.

Brief an den Verlag Kurt Wolff (Franz Kafka, 1915)

Prag, am 25. Oktober 1915

Sehr geehrter Herr!

Sie schrieben letzthin, dass Ottomar Starke ein Titelblatt zur *Verwandlung* zeichnen wird. Nun habe ich einen kleinen, allerdings soweit ich den Künstler aus *Napoleon* kenne, wahrscheinlich sehr überflüssigen Schrecken bekommen. Es ist mir nämlich, da Starke doch tatsächlich illustriert, eingefallen, er könnte etwa das Insekt selbst zeichnen wollen. Das nicht, bitte das nicht! Ich will seinen Machtkreis nicht einschränken, sondern nur aus meiner natürlicherweise bessern Kenntnis der Geschichte heraus bitten. Das Insekt selbst kann nicht gezeichnet werden. Es kann aber nicht einmal von der Ferne aus gezeichnet werden. Besteht eine solche Absicht nicht und wird meine Bitte also lächerlich – desto besser. Für die Vermittlung und Bekräftigung meiner Bitte wäre ich Ihnen sehr dankbar. Wenn ich für eine Illustration selbst Vorschläge machen dürfte, würde ich Szenen wählen, wie: die Eltern und der Prokurist vor der geschlossenen Tür oder noch besser die Eltern und die Schwester im beleuchteten Zimmer, während die Tür zum ganz finsteren Nebenzimmer offensteht. (…)

Mit besten Grüßen Ihr ergebener Franz Kafka

Titelbild der Erstausgabe

Franz Kafka: *Briefe 1902–1924*. Hrsg. v. Max Brod. Frankfurt am Main: Fischer Taschenbuch Verlag, 1983, S. 135 f.

Formale Aspekte

Für den Kafka-Biografen Peter-André Alt zeichnet sich *Die Verwandlung* durch eine klassische Novellenstruktur sowie eine an den Techniken des damals neuen Mediums Film (Kameraführung) geschulte Erzählperspektive aus. Der Romancier Vladimir Nabokov betont die charakteristische Klarheit von Kafkas Stil.

Filmisches Schreiben – Gattung, Perspektive, Form (Peter-André Alt, 2005)

Wie *Das Urteil* weist *Die Verwandlung* eine klassische Novellenstruktur auf, die Kafka freilich auf bestechende Weise variiert. Die ‚unerhörte Begebenheit', die die Handlung des Textes bestimmt, wird nicht erzählt, sondern vorausgesetzt. Die Verwandlung des unverheirateten, in der Wohnung seiner Eltern lebenden Handlungsreisenden Gregor Samsa in einen großen braunen Käfer findet weder eine nähere Beschreibung noch eine Erklärung. Der Einbruch des Fantastischen in den Alltag vollzieht sich hier vollkommen lautlos, außerhalb der Zone kausaler Beziehungsfelder. Dem entspricht ein kommentarfreies Erzählverfahren, das Gregor wie durch Momentaufnahmen zu erfassen sucht, ohne jedoch damit den Rätselcharakter seiner Verwandlung aufzuhellen. Die Darstellungsperspektive beschränkt sich zumeist darauf, die Gedanken, die Gregor als Mensch im Käferkörper hegt, möglichst exakt wiederzugeben. Nicht selten aber verlässt der Erzähler seine Kameraposition knapp hinter der Hauptfigur; dann zeigt er sein tieferes Wissen, indem er den Blick über Zimmerfluchten und Hausflur schweifen lässt, in Zeitschichten der Vergangenheit eintaucht oder, wie am Ende, nach dem Tod des Protagonisten, das Sichtfeld erweitert und der Familie ins Freie folgt (...). Dieses Verfahren hat in subtiler Weise stets die Totalität des Geschehens im Visier, ohne dass der Erzähler dabei die Stimme erhebt oder selbst hervortritt; statt von einem ‚einsinnigen' Prinzip sollte man von der filmischen Technik des *camera eye* sprechen, die es erlaubt, das literarische Wissen durch kaum bemerkbare Perspektivveränderungen zu demonstrieren; auch hier zeigt sich Kafka als Autor, der beim Kino in die Schule geht.

Peter-André Alt: *Franz Kafka. Der ewige Sohn. Eine Biographie.* München: C.H. Beck Verlag, 2005, S. 331 f.

Die Klarheit von Kafkas Stil (Vladimir Nabokov, ca. 1950)

(...) Auffällig wird Ihnen Kafkas Stil erscheinen. Seine Klarheit, seine genaue und formstrenge Aussage steht in eklatantem Gegensatz zur Albtraumthematik seiner Erzählung. Keinerlei dichterische Metaphern schmücken diesen in schlichtem Schwarz-Weiß formulierten Bericht. Die Durchsichtigkeit seines Stils betont den dunklen Reichtum seiner Fantasiewelt. Gegensatz und Einheitlichkeit, Stil und Dargestelltes, Darstellung und Fabel sind in vollkommener Weise ineinander verwoben.

Vladimir Nabokov: *Die Kunst des Lesens. Meisterwerke der europäischen Literatur. Jane Austen – Charles Dickens – Gustav Flaubert – Robert Louis Stevenson – Marcel Proust – Franz Kafka – James Joyce.* Hrsg. v. Fredson Bowers. Aus dem Englischen von Karl A. Klewer unter der Mitarbeit von Robert A. Russell. Frankfurt am Main: Fischer Taschenbuch Verlag, 1991, S. 352.

Die Kafkas und die Samsas: Familienkonstellationen

Kafkas Lieblingsschwester Ottla Kafka (1892–1943)

Auch wenn die Authentizität von Gustav Janouchs Erinnerungen an seine Gespräche mit Kafka nicht restlos geklärt ist: Die Bedeutung der familiären Verhältnisse und Konflikte Kafkas für *Die Verwandlung* ist offensichtlich (und manifestiert sich nicht zuletzt in den frappierend ähnlichen Wohnverhältnissen). Dabei ist besonders der Konflikt zwischen dem jungen, sensiblen, noch unverheirateten Schriftsteller und Versicherungsangestellten und seinem Vater, dem für Literatur und Kunst wenig empfänglichen Kaufmann Hermann Kafka (1852–1931), zu nennen. Der Sohn selbst hat die komplizierte Vater-Sohn-Beziehung in seinem umfangreichen *Brief an den Vater* analysiert (den der Adressat wohl nie zu Gesicht bekommen hat). In ihm findet sich nicht nur der Satz „Mein Schreiben handelte von Dir, ich klagte dort ja nur, was ich an Deiner Brust nicht klagen konnte“, sondern auch die Erinnerung, wie Hermann Kafka den Schauspieler Jizchak Löwy (1887–1942 im Vernichtungslager Treblinka), einen engen Freund seines Sohnes, als „Ungeziefer“ beschimpft hat. Bedeutsam für *Die Verwandlung* ist jedoch auch das Verhältnis Franz Kafkas zu seinen drei Schwestern, vor allem zu seiner jüngsten, Ottla (1892–1943 im Vernichtungslager Auschwitz-Birkenau), die ihn gerade in schwierigen Zeiten verständnisvoll unterstützte.

Die Wanzen der eigenen Familie – Ein Gespräch mit Kafka (Gustav Janouch, 1951)

(...) „Der Held der Erzählung heißt Samsa", sagte ich. „Das klingt wie ein Kryptogramm für Kafka. Fünf Buchstaben hier wie dort. Das S im Worte Samsa hat dieselbe Stellung wie das K im Worte Kafka. Das A –"

Kafka unterbrach mich.

„Es ist kein Kryptogramm. Samsa ist nicht restlos Kafka. *Die Verwandlung* ist kein Bekenntnis, obwohl es – im gewissen Sinne – eine Indiskretion ist."

„Das weiß ich nicht."

„Ist es vielleicht fein und diskret, wenn man über die Wanzen der eigenen Familie spricht?"

„Das ist natürlich in der guten Gesellschaft nicht üblich."

„Sehen Sie, wie unanständig ich bin?"

Kafka lachte. Er wollte das Thema des Gespräches erledigen. Das wollte ich aber nicht.

„Ich denke, dass eine Bewertung ‚anständig' oder ‚unanständig' hier nicht richtig ist", sagte ich. „*Die Verwandlung* ist ein schrecklicher Traum, eine schreckliche Vorstellung."

Kafka blieb stehen.

„Der Traum enthüllt die Wirklichkeit, hinter der die Vorstellung zurückbleibt. Das ist das Schreckliche des Lebens – das Erschütternde der Kunst. Jetzt muss ich aber schon heimgehen."

Er verabschiedete sich kurz.

Vertrieb ich ihn?

Ich schämte mich.

Gustav Janouch: *Gespräche mit Kafka. Erinnerungen und Aufzeichnungen.* Frankfurt a. M.: S. Fischer Verlag 1951, S. 26 f.

Brief an den Vater (Franz Kafka, 1919)

Liebster Vater,

Du hast mich letzthin einmal gefragt, warum ich behaupte, ich hätte Furcht vor Dir. Ich wusste Dir, wie gewöhnlich, nichts zu antworten, zum Teil eben aus der Furcht, die ich vor Dir habe, zum Teil deshalb, weil zur Begründung dieser Furcht zu viele Einzelheiten gehören, als dass ich sie im Reden halbwegs zusammenhalten könnte. Und wenn ich hier versuche, Dir schriftlich zu antworten, so wird es doch nur sehr unvollständig

sein, weil auch im Schreiben die Furcht und ihre Folgen mich Dir gegenüber behindern und weil die Größe des Stoffs über mein Gedächtnis und meinen Verstand weit hinausgeht.
Dir hat sich die Sache immer sehr einfach dargestellt, wenigstens soweit Du vor mir und, ohne Auswahl, vor vielen andern davon gesprochen hast. Es schien Dir etwa so zu sein: Du hast Dein ganzes Leben lang schwer gearbeitet, alles für Deine Kinder, vor allem für mich geopfert, ich habe infolgedessen „in Saus und Braus" gelebt, habe vollständige Freiheit gehabt zu lernen was ich wollte, habe keinen Anlass zu Nahrungssorgen, also zu Sorgen überhaupt gehabt; Du hast dafür keine Dankbarkeit verlangt, Du kennst „die Dankbarkeit der Kinder", aber doch wenigstens irgendein Entgegenkommen, Zeichen eines Mitgefühls; statt dessen habe ich mich seit jeher vor Dir verkrochen, in mein Zimmer, zu Büchern, zu verrückten Freunden, zu überspannten Ideen; offen gesprochen habe ich mit Dir niemals, in den Tempel bin ich nicht zu Dir gekommen, in Franzensbad habe ich Dich nie besucht, auch sonst nie Familiensinn gehabt, um das Geschäft und Deine sonstigen Angelegenheiten habe ich mich nicht gekümmert, die Fabrik habe ich Dir aufgehalst und Dich dann verlassen, Ottla habe ich in ihrem Eigensinn unterstützt und während ich für Dich keinen Finger rühre (nicht einmal eine Theaterkarte bringe ich Dir), tue ich für Freunde alles. Fasst Du Dein Urteil über mich zusammen, so ergibt sich, dass Du mir zwar etwas geradezu Unanständiges oder Böses nicht vorwirfst (mit Ausnahme vielleicht meiner letzten Heiratsabsicht), aber Kälte, Fremdheit, Undankbarkeit. Und zwar wirfst Du es mir so vor, als wäre es meine Schuld, als hätte ich etwa mit einer Steuerdrehung das Ganze anders einrichten können, während Du nicht die geringste Schuld daran hast, es wäre denn die, dass Du zu gut zu mir gewesen bist. (...)
Vergleich uns beide: ich, um es sehr abgekürzt auszudrücken, ein Löwy mit einem gewissen Kafkaschen Fond, der aber eben nicht durch den Kafkaschen Lebens-, Geschäfts-, Eroberungswillen in Bewegung gesetzt wird, sondern durch einen Löwy'schen Stachel, der geheimer, scheuer, in anderer Richtung wirkt und oft überhaupt aussetzt. Du dagegen ein wirklicher Kafka an Stärke, Gesundheit, Appetit, Stimmkraft, Redebegabung, Selbstzufriedenheit, Weltüberlegenheit, Ausdauer, Geistesgegenwart, Menschenkenntnis, einer gewissen Großzügigkeit, natürlich auch mit allen zu diesen Vorzügen gehörigen Fehlern und Schwächen, in welche Dich Dein Temperament und manchmal Dein Jähzorn hineinhetzen. (...)

Jedenfalls waren wir so verschieden und in dieser Verschiedenheit einander so gefährlich, dass, wenn man es hätte etwa im Voraus ausrechnen wollen, wie ich, das langsam sich entwickelnde Kind, und Du, der fertige Mann, sich zueinander verhalten werden, man hätte annehmen können, dass Du mich einfach niederstampfen wirst, dass nichts von mir übrigbleibt. Das ist nun nicht geschehen, das Lebendige lässt sich nicht ausrechnen, aber vielleicht ist Ärgeres geschehen. (…)
Deine Erziehungsmittel in den allerersten Jahren kann ich heute natürlich nicht unmittelbar beschreiben, aber ich kann sie mir etwa vorstellen durch Rückschluss aus den späteren Jahren (…) Direkt erinnere ich mich nur an einen Vorfall aus den ersten Jahren. Du erinnerst Dich vielleicht auch daran. Ich winselte einmal in der Nacht immerfort um Wasser, gewiss nicht aus Durst, sondern wahrscheinlich teils um zu ärgern, teils um mich zu unterhalten. Nachdem einige starke Drohungen nicht geholfen hatten, nahmst Du mich aus dem Bett, trugst mich auf die Pawlatsche [*tschech.* offener Hauseingang bzw. umlaufende Laubengänge im Innenhof] und ließest mich dort allein vor der geschlossenen Tür ein Weilchen im Hemd stehn. (…) Ich war damals nachher wohl schon folgsam, aber ich hatte einen inneren Schaden davon. Das für mich Selbstverständliche des sinnlosen Ums-Wasser-Bittens und das außerordentlich Schreckliche des Hinausgetragenwerdens konnte ich meiner Natur nach niemals in die richtige Verbindung bringen. Noch nach Jahren litt ich unter der quälenden Vorstellung, dass der riesige Mann, mein Vater, die letzte Instanz, fast ohne Grund kommen und mich in der Nacht aus dem Bett auf die Pawlatsche tragen konnte und dass ich also ein solches Nichts für ihn war.
Das war damals ein kleiner Anfang nur, aber dieses mich oft beherrschende Gefühl der Nichtigkeit (ein in anderer Hinsicht allerdings auch edles und fruchtbares Gefühl) stammt vielfach von Deinem Einfluss. Ich hätte ein wenig Aufmunterung, ein wenig Freundlichkeit, ein wenig Offenhalten meines Wegs gebraucht, stattdessen verstelltest Du mir ihn, in der guten Absicht freilich, dass ich einen anderen Weg gehen sollte. Aber dazu taugte ich nicht. Du muntertest mich zum Beispiel auf, wenn ich gut salutierte und marschierte, aber ich war kein künftiger Soldat, oder Du muntertest mich auf, wenn ich kräftig essen oder sogar Bier dazu trinken konnte, oder wenn ich unverstandene Lieder nachsingen oder Deine Lieblingsredensarten Dir nachplappern konnte, aber nichts davon gehörte zu meiner Zukunft. (…)
Damals und damals überall hätte ich die Aufmunterung gebraucht. Ich war ja schon niedergedrückt durch Deine bloße Körperlichkeit. Ich erinnere

„Dieses mich oft beherrschende Gefühl der Nichtigkeit“: Der Vater Hermann Kafka (1852–1931)

mich zum Beispiel daran, wie wir uns öfters zusammen in einer Kabine auszogen. Ich mager, schwach, schmal, Du stark, groß, breit. Schon in der Kabine kam ich mir jämmerlich vor, und zwar nicht nur vor Dir, sondern vor der ganzen Welt, denn Du warst für mich das Maß aller Dinge. Traten wir dann aber aus der Kabine vor die Leute hinaus, ich an Deiner Hand, ein kleines Gerippe, unsicher, bloßfüßig auf den Planken, in Angst vor dem Wasser, unfähig Deine Schwimmbewegungen nachzumachen, die Du mir in guter Absicht, aber tatsächlich zu meiner tiefen Beschämung immerfort vormachtest, dann war ich sehr verzweifelt und alle meine schlimmen Erfahrungen auf allen Gebieten stimmten in solchen Augenblicken großartig zusammen. (...) Dem entsprach weiter Deine geistige Oberherrschaft. Du hattest Dich allein durch eigene Kraft so hoch hinaufgearbeitet, infolgedessen hattest Du unbeschränktes Vertrauen zu Deiner Meinung. Das war für mich als Kind nicht einmal so blendend wie später für den heranwachsenden jungen Menschen. In Deinem Lehnstuhl regiertest Du die Welt. Deine Meinung war richtig, jede andere war verrückt, überspannt, meschugge, nicht normal. Dabei war Dein Selbstvertrauen so groß, dass Du gar nicht konsequent sein musstest und doch nicht aufhörtest recht zu haben. (...)

Es genügte, dass ich an einem Menschen ein wenig Interesse hatte – es geschah ja infolge meines Wesens nicht sehr oft –, dass Du schon ohne jede Rücksicht auf mein Gefühl und ohne Achtung vor meinem Urteil mit Beschimpfung, Verleumdung, Entwürdigung dreinfuhrst. Unschuldige, kindliche Menschen wie zum Beispiel der jiddische Schauspieler Löwy mussten das büßen. Ohne ihn zu kennen, verglichst Du ihn in einer schrecklichen Weise, die ich schon vergessen habe, mit Ungeziefer, und wie so oft für Leute, die mir lieb waren, hattest Du automatisch das Sprichwort von den Hunden und Flöhen bei der Hand. An den Schauspieler erinnere ich mich hier besonders, weil ich Deine Aussprüche über ihn damals mir mit der Bemerkung notierte: „So spricht mein Vater über meinen Freund (den er gar nicht kennt) nur deshalb, weil er mein Freund ist. Das werde ich ihm immer entgegenhalten können, wenn er mir Mangel an kindlicher Liebe und Dankbarkeit vorwerfen wird." Unverständlich war mir immer Deine vollständige Empfindungslosigkeit dafür, was für Leid und Schande Du mit Deinen Worten und Urteilen mir zufügen konntest, es war, als hättest Du keine Ahnung von Deiner Macht. (...)

Deine äußerst wirkungsvollen, wenigstens mir gegenüber niemals versagenden rednerischen Mittel bei der Erziehung waren: Schimpfen, Drohen, Ironie, böses Lachen und – merkwürdigerweise – Selbstbeklagung. (...) Schrecklich war mir zum Beispiel dieses: »ich zerreiße Dich wie einen Fisch«, trotzdem ich ja wusste, dass dem nichts Schlimmeres nachfolgte (als kleines Kind wusste ich das allerdings nicht), aber es entsprach fast meinen Vorstellungen von Deiner Macht, dass Du auch das imstande gewesen wärest. Schrecklich war es auch, wenn Du schreiend um den Tisch herumliefst, um einen zu fassen, offenbar gar nicht fassen wolltest, aber doch so tatest und die Mutter einen schließlich scheinbar rettete. (...)

Heiraten, eine Familie gründen, alle Kinder, welche kommen, hinnehmen, in dieser unsicheren Welt erhalten und gar noch ein wenig führen, ist meiner Überzeugung nach das Äußerste, das einem Menschen überhaupt gelingen kann. (...) Warum also habe ich nicht geheiratet? (...) Ich will es näher zu erklären versuchen: Hier beim Heiratsversuch trifft in meinen Beziehungen zu Dir zweierlei scheinbar Entgegengesetztes so stark wie nirgends sonst zusammen. Die Heirat ist gewiss die Bürgschaft für die schärfste Selbstbefreiung und Unabhängigkeit. Ich hätte eine Familie, das Höchste, was man meiner Meinung nach erreichen kann, also auch das Höchste, das Du erreicht hast, ich wäre Dir ebenbürtig, alle alte und ewig neue Schande und Tyrannei wäre bloß noch Geschichte. Das wäre allerdings märchenhaft, aber darin liegt eben schon das Fragwürdige. Es ist zu viel, so viel kann nicht erreicht werden. Es ist so, wie wenn einer gefangen wäre und er hätte nicht nur die Absicht zu fliehen, was vielleicht erreichbar wäre, sondern auch noch und zwar gleichzeitig die Absicht, das Gefängnis in ein Lustschloss für sich umzubauen. Wenn er aber flieht, kann er nicht umbauen, und wenn er umbaut, kann er nicht fliehen. Wenn ich in dem besonderen Unglücksverhältnis, in welchem ich zu Dir stehe, selbstständig werden will, muss ich etwas tun, was möglichst gar keine Beziehung zu Dir hat – das Heiraten ist zwar das Größte und gibt die ehrenvollste Selbständigkeit, aber es ist auch gleichzeitig in engster Beziehung zu Dir. Hier hinauskommen zu wollen, hat deshalb etwas von Wahnsinn, und jeder Versuch wird fast damit gestraft. (...)

So wie wir aber sind, ist mir das Heiraten dadurch verschlossen, dass es gerade Dein eigenstes Gebiet ist. Manchmal stelle ich mir die Erdkarte ausgespannt und Dich quer über sie hin ausgestreckt vor. Und es ist mir dann, als kämen für mein Leben nur die Gegenden in Betracht, die Du entweder nicht bedeckst oder die nicht in Deiner Reichweite liegen. Und das sind entsprechend der Vorstellung, die ich von Deiner Größe habe, nicht viele und nicht sehr trostreiche Gegenden und besonders die Ehe ist nicht darunter. (…)
Franz

Franz Kafka: *Hochzeitsvorbereitungen auf dem Lande und andere Prosa aus dem Nachlaß*. Hrsg. v. Max Brod. Frankfurt am Main: Fischer Taschenbuch Verlag, 1980, S. 119–162, hier: 119 f., 121–126, 153, 157 f.

Der Trottel im Durchgangszimmer (Astrid Dehe/Achim Engstler, 2011)

Sich eines morgens in seinem Bett „zu einem ungeheuren Ungeziefer verwandelt" zu finden, sollte für jeden normal Veranlagten ein Schock sein (…). Gregor Samsa hingegen, der junge Reisende in Tuchwaren, dem diese Verwandlung widerfährt, bewahrt die Ruhe. Irritiert ist er, schockiert nicht. Die umstürzende Veränderung seines Körpers – er hat keine Arme und Hände mehr, stattdessen ungezählte Beinchen, einen „panzerartig harten Rücken" und einen „gewölbten, braunen, von bogenförmigen Versteifungen geteilten Bauch" – registriert er beiläufig, und dass die Veränderung seiner Stimme (…) nichts anderes sei als „der Vorbote einer tüchtigen Verkühlung", der „Berufskrankheit der Reisenden", hält er für ausgemacht, glaubt sogar, er könne „um acht Uhr tatsächlich auf dem Bahnhof sein", um die nächste Verkaufsreise anzutreten. Die abgründige Verwandlung bleibt für Samsa Oberfläche; es ist eine Misshelligkeit, wie sie vorkommen kann. Die „geschäftlichen Aufregungen" des Reisens treffen über kurz oder lang eben jeden; der eine wird heiser, der andere ein ungeheures Ungeziefer. (…) Es passt ins Bild, dass seine einzige Zerstreuung „Laubsägearbeiten" sind, der Prokurist seine Leistungen im Außendienst als „sehr unbefriedigend" beurteilt, seine einzige Bewerbung um eine Frau „ernsthaft, aber zu langsam" verlief, dass er das selbst in Laienohren unzureichende Geigenspiel seiner Schwester für konservatoriumswürdig hält und die von ihm ausgesuchte, ebenso schlecht gelegene wie unpraktisch geschnittene Wohnung für schön und angemessen. Ein realitätsblinder Biedersinn, von Dummheit kaum noch zu unterscheiden. Gregor Samsa ist ein Trottel. Ein über die Maßen schlichtes Gemüt, von seiner Familie in finanziellen Dingen hintergangen, von seinem Chef mit den Schulden des Vaters erpresst, von seinen Kollegen in Abwesenheit ver-

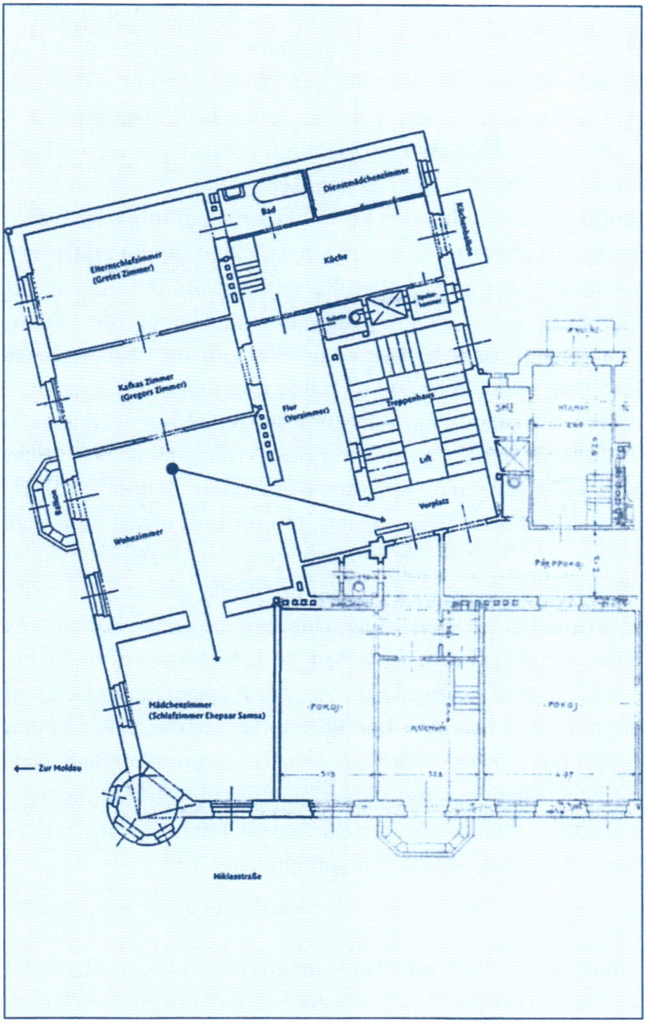

Grundriss der Wohnung Kafka in der Prager Niklasstraße

leumdet. Dass Vater, Mutter und Schwester auf seine Kosten zu Hause „Ferien" machen, erscheint beinahe gerecht. (...) Gewiss bietet die Figur des Gregor Samsa auch Identifikationsmöglichkeiten. Jeder wird getreten im Leben, jeder muss einmal für Dinge einstehen, die er nicht zu verantworten hat, jeder kann sich hier und da wie Ungeziefer fühlen. Wer jedoch nicht von vornherein auf tragische Erschütterung gestimmt ist, weil ihm der Name Kafka eben dafür zu bürgen scheint, wird die Identifikation schwerlich durchhalten. Samsa ist ein Opfer, aber kein tragisches. Letzten Endes bekommt er die Rolle, die ihm passt, er findet sich auch besser in sie ein, als es die meisten anderen täten. Und diese Rolle hat ihre komischen Aspekte. Wenn man die Erzählung so lesen kann, wird sie, wie Gregors Methode, sich aus dem Bett zu schaukeln, „mehr ein Spiel als eine Anstrengung". Ein Spiel, das Kafkas kinematographische Fantasie auf einer mit biographischen Requisiten bestückten Bühne inszeniert. Eine der Nebenwirkungen gewerblichen Reisens besteht darin, dass der Reisende zu Hause überzählig ist und daher hemmend wirkt. Seine Funktion ist, nicht da zu sein; zwar gibt es einen Platz für ihn, nur wird der in seiner Abwesenheit anderweitig genutzt und betreten. So führen auch die täglichen Wege der Familie Samsa durch Gregors Zimmer hindurch, welches das Zimmer seiner Schwester mit dem Wohnzimmer verbindet und eine weitere Tür zum Flur hat. Dieser Durchgang ist nun blockiert. Da alle Türen von innen verschlossen sind und im Bett etwas liegt, das nicht aufschließen kann, ist aus der sonst temporären Unzugänglichkeit des Zimmers eine dauernde geworden. Von der einen zur anderen Seite besteht nur noch akustische Verbindung. Ließe die fremde Biologie es zu, könnte Gregor sich dazwischenschalten; so bleiben seine Versuche, sich mitzuteilen, ein intermediäres Rauschen, ein Piepsen in der Leitung. Kafka hat, wie schon im *Urteil*, auch den Bühnenaufbau der *Verwandlung* der elterlichen Wohnung in der Niklasstraße nachempfunden. Sein Zimmer war ein Durchgangszimmer und zudem seiner gequälten Empfindung nach das „Hauptquartier des Lärms der ganzen Wohnung". Für Gregors Zimmer gilt, nach der Verwandlung, Entsprechendes. (...)

Astrid Dehe / Achim Engstler: *Kafkas komische Seiten.* Göttingen: Steidl Verlag, 2011, S. 76–80.

Gregors Inzestfantasien und Gretes Todesurteil (Peter-André Alt, 2005)

Von eigener Ambivalenz bleibt das Verhältnis, das Grete zu ihrem Bruder unterhält. Unmittelbar nach der Entdeckung der Metamorphose übernimmt sie die Pflege des Käfers; sie füttert den Bruder mit unterschiedlichen Speisen, um seinen Geschmack zu erraten, versorgt ihn mit Nahrung und Getränken. Das „Zartgefühl" (...), das Gregor ihr unterstellt, dürfte jedoch in Wahrheit Ekel sein. Auch sie bleibt dem Käfer fern, spricht nicht mit ihm (Drohungen bilden die Ausnahme), trägt die von Gregor berührten Schüsseln statt auf „den bloßen Händen" aus Widerwillen „mit einem Fetzen" umwickelt davon (...). Dass Grete so wenig wie die Eltern in dem Käfer ein menschlich denkendes und fühlendes Wesen vermutet, verrät die Entschlossenheit, mit der sie nach einigen Wochen sein Zimmer ausräumt und seine Erinnerungsobjekte zu beseitigen sucht. Wie stark umgekehrt Gregors Beziehung zur Schwester von Inzestmotiven bestimmt ist, demonstriert sein alter Wunsch, ihr den Besuch des Konservatoriums zu finanzieren, um sie auf diese Weise in Dankbarkeit an ihn zu binden. Sein Tagtraum, „ihren Hals" zu „küssen" (...), bezeugt klar die erotische Komponente dieser Fantasie. Sie entspringt dem Regress Gregors, der mit seiner Verwandlung in ein infantiles Stadium der Ich-Entwicklung zurückgetreten ist. „Die erste Objektwahl der Menschen", bemerkt Freud in seinen *Vorlesungen zur Einführung in die Psychoanalyse* (1917) über den Zusammenhang von kindlicher und neurotische Prägung, „ist regelmäßig eine inzestuöse, beim Manne auf Mutter und Schwester gerichtete, und es bedarf der schärfsten Verbote, um diese fortwirkende infantile Neigung von der Wirklichkeit abzuhalten." (...)

Bezeichnend ist, dass Gretes zunehmende Gleichgültigkeit gegenüber Gregor nach jener Szene in Aggression umschlägt, da er sich ihr während des Geigenspiels, angezogen von der Musik wie von einer „ersehnten unbekannten Nahrung", in unwillkürlich raschem Tempo nähert (...). Unter dem Eindruck dieser Intervention hebt die Schwester die inzestuöse Annäherung endgültig auf, indem sie den Bruder zum Tode verurteilt. Gregor muss sterben, weil in Grete, wie die Schlussszene in der Elektrischen zeigt, der Trieb des Geschlechts erwacht (...). Dehnt die Schwester am Ende „ihren jungen Körper" (...) in der Sonne, so ist das ein Sinnbild für die zynische Opposition der Bedeutungen, die den Text durchzieht: Gregors eingesunkener Leib wird durch den aufblühenden Leib Gretes, der Verfall durch die Vitalität, das Ekelhafte durch das Schöne substituiert. Signifikant für Kafkas Novelle bleibt, dass Vater und Tochter Gregors Tod gleichermaßen herbeiführen: der Vater durch den Apfelwurf, der den Leib des Käfers gefährlich verwundet, die Schwester durch das Urteil, mit dem sie, ebenso wie der alte Bendemann [in *Das Urteil*], dem ewigen Sohn den Lebensanspruch entzieht. Auch *Die Verwandlung* erweist sich damit als gedoppeltes Familienschauspiel im Sinne der von Freud beschriebenen neurotischen Grundkonstellation: Das Generationendrama zeigt das Scheitern der Jugend im Kampf gegen die ältere Ordnung, das Inzestdrama führt die Ablösung der Schwester aus dem Bannkreis des sie sexuell begehrenden Bruders vor. Beide Konfliktinszenierungen enden mit dem in der ökonomischen Figur des Tausches vergegenwärtigten Triumph der vitaleren Macht, wie sie der Vater und die Schwester verkörpern. (...).

Peter-André Alt: *Franz Kafka. Der ewige Sohn. Eine Biographie.* München: C.H. Beck Verlag, 2005, S. 337 f.

BIOGRAFIE

WORT- UND SACHERKLÄRUNGEN

MATERIALIEN

Deutungen

Die Veröffentlichungen von Kafka-Forschern auf der ganzen Welt, auch und gerade zur *Verwandlung*, füllen in den Bibliotheken längst unzählige Regalmeter. Drei Beispiele sollen an dieser Stelle genügen: Tzvetan Todorov (1939–2017) diskutiert die Gattungszugehörigkeit von Kafkas Erzählung. Für Karl-Heinz Fingerhut gleicht Kafkas Hauptfigur einem naiven Märchenhelden. Der Literaturwissenschaftler Reiner Stach, Verfasser einer dreibändigen Kafka-Biografie, sieht im Bild des nichtigen Tiers eine Zentralmetapher dieses Schriftstellers.

Ein Beispiel für literarische Fantastik? (Tzvetan Todorov, 1970)

(...) Was ist im 20. Jahrhundert aus der Erzählung des Übernatürlichen geworden? Nehmen wir den zweifellos berühmtesten der Texte, die sich in diese Kategorie einreihen lassen: Kafkas *Die Verwandlung*. Hier wird das übernatürliche Ereignis im allerersten Satz des Textes berichtet (...). Es gibt im weiteren Verlauf des Textes einige Anzeichen für eine mögliche Unschlüssigkeit. Gregor glaubt zuerst zu träumen, ist jedoch schnell vom Gegenteil überzeugt. (...)

Diese sprachlichen Hinweise auf eine Unschlüssigkeit gehen jedoch in der allgemeinen Bewegung der Erzählung unter, an der das Überraschendste eigentlich das Fehlen des Überraschtseins angesichts dieses unerhörten Ereignisses ist; es ist hier gekappt wie in Gogols *Die Nase.* („Man kann sich nicht genug über diesen Mangel an Verwunderung verwundern", sagt Camus in Bezug auf Kafka.) (...) Er beginnt dem neuen Zustand, der ihn von jeder Verantwortung befreit und bewirkt, dass man sich um ihn kümmert, etwas Tröstliches abzugewinnen. (...)

Wenn wir an diese Erzählung mit den Kategorien herangehen, die wir zuvor erarbeitet haben, stellen wir fest, dass sie sich von den traditionellen fantastischen Geschichten stark unterscheidet. Zunächst einmal tritt das unheimliche Ereignis nicht nach einer Reihe indirekter Andeutungen ein, nicht als Höhepunkt einer stufenweisen Steigerung: Es ist bereits im allerersten Satz enthalten. Die fantastische Erzählung ging von einer vollkommen natürlichen Situation aus, um beim Übernatürlichen zu enden, *Die Verwandlung* hingegen nimmt beim übernatürlichen Ereignis ihren Anfang, um jenem dann im Verlauf der Erzählung ein immer natürlicheres Ansehen zu geben. Und der Schluss der Geschichte ist vom Übernatürlichen am allerweitesten entfernt. Infolgedessen wird jede Unschlüssigkeit hinfällig: Sie diente dazu, die Wahrnehmung des unerhörten Ereignisses vorzubereiten, sie kennzeichnete den Übergang vom Natürlichen zum Übernatürlichen. Hier findet sich eine konträre Bewegung beschrieben: die der *Anpassung*, die auf das unerklärliche Ereignis folgt; und sie kennzeichnet den Übergang vom Übernatürlichen zum Natürlichen. Unschlüssigkeit und Anpassung kennzeichnen zwei symmetrische und umkehrbare Vorgänge.

Man kann wiederum aus der Tatsache, dass es an Unschlüssigkeit, ja an Erstaunen mangelt und dass übernatürliche Elemente vorkommen, nicht folgern, dass wir uns in einem anderen uns bekannten Genre, dem Wunderbaren, befinden. Das Wunderbare impliziert, dass wir in eine Welt versunken sind, in der Gesetze herrschen, die von denen unserer Welt vollkommen verschieden sind. Von daher sind ja auch die übernatürlichen Ereignisse, die eintreten, nicht im Geringsten beunruhigend. In *Die Verwandlung* handelt es sich hingegen sehr wohl um ein schockierendes, unmögliches Ereignis, was paradoxerweise jedoch am Ende möglich wird. In diesem Sinne beruhen Kafkas Erzählungen gleichzeitig auf dem Wunderbaren und dem Unheimlichen, sie sind die Koinzidenz der beiden offensichtlich unvereinbaren Gattungen. Das Übernatürliche ist nicht von der Hand zu weisen und hört auch nicht auf, uns annehmbar zu erscheinen.

(...) Was bedeutet eine derartige Struktur der Erzählung? Im Bereich des Fantastischen wird das unheimliche Ereignis vor dem Hintergrund dessen, was als normal und natürlich gilt, wahrgenommen; die Übertretung der Naturgesetze machte uns ihrer umso mehr bewusst. Bei Kafka bewirkt das übernatürliche Ereignis keine Unschlüssigkeit mehr, denn die beschriebene Welt ist völlig bizarr, ebenso anormal wie das Ereignis selbst, das auf ihrem Boden geschieht. Wir finden hier (umgekehrt) das Problem der fantastischen Literatur wieder – einer Literatur, die die Existenz des Realen, des Natürlichen, des Normalen postuliert, um dann in diese Welt eine Bresche zu schlagen; Kafka aber ist es gelungen, darüber hinauszukommen. Er behandelt das Irrationale als zum Spiel gehörig: Seine Welt gehorcht insgesamt einer traumhaften, wenn nicht albtraumhaften, Logik, die mit dem Realen nichts mehr zu tun hat. Selbst wenn beim Leser noch eine gewisse Unschlüssigkeit fortbesteht, so doch nie mehr bei der handelnden Person; und die Identifizierung, wie sie zuvor zu beobachten war, ist nicht mehr möglich. Die Kafka'sche Erzählung lässt das außer Acht, was wir die zweite Bedingung des Fantastischen genannt haben: die innerhalb des Textes selbst dargestellte Unschlüssigkeit, die insbesondere die Beispiele des 19. Jahrhunderts kennzeichnet. (...)

Tzvetan Todorov: *Einführung in die fantastische Literatur.* Aus dem Französischen von Karin Kersten, Senta Metz und Caroline Neubaur. Frankfurt am Main: Fischer Taschenbuch Verlag, 1992, S. 150–154.

Enthüllendes Doppelspiel des Autors (Karl-Heinz Fingerhut, 1969)

Wie im Märchen durchschaut der Leser auch lange vor dem guten „Sohn und Bruder" dessen Täuschung über die Umwelt. Kafka ermöglicht das durch den Kunstgriff, dass er Gregor zunächst rein registrierend die Fakten berichten lässt und dann erst die gutgläubigen Reflexionen, die er an sie anschließt. So kann sich der Leser sein eigenes Bild von den Vorgängen machen, das oft erheblich von dem des Helden abweicht. Er merkt zum Beispiel an mehreren Stellen deutlich, dass der naive Sohn, der das Verhalten der Familie fortwährend entschuldigt, ein Narr ist. Das enthüllende Doppelspiel des Autors zwischen der Perspektive des Verwandelten und der des Lesers zeigt sich etwa in der Szene, in der Gregor zum ersten Mal die Schwester bei der Aufstellung der „Nahrung" beobachtet. Alles, was er als „Güte" und „Zartgefühl" ansieht, erweist sich für den kritischen Leser als das genaue Gegenteil: Grete serviert das „Auswahlessen" auf einer „alten Zeitung", der „Wassernapf" ist wie bei einem Hund „ein für alle Mal für Gregor bestimmt". Die Fütterung wird „eiligst" und „hastig" abgewickelt. Kafkas Figur ist also – genau wie der traditionelle Märchenheld – das Opfer der eigenen gutgläubigen Fehlurteile hinsichtlich der Menschen seiner Umgebung. (Die Erzählhaltung des Autors in Eichendorffs *Taugenichts* – der Leser weiß immer etwas mehr als der erzählende Märchenheld – passt genau auf Kafkas *Verwandlung*.)

Karl-Heinz Fingerhut: *Doppelspiel des Autors*. In: Ders.: Die Funktion der Tierfiguren im Werke Franz Kafkas. Offene Erzählgerüste und Figurenspiele. Bonn: Bouvier Verlag, 1969, S. 168 f.

Das Bild des nichtigen Tiers als Zentralmetapher fürs Kafkas Existenz (Reiner Stach, 2002)

(...) Keiner von Kafkas literarischen Versuchen wurde in Gang gesetzt durch einen körperlosen Gedanken, eine allgemeine Idee oder gar durch das spröde Skelett einer äußeren Handlung, und niemals wäre er auf den Gedanken verfallen, passende Bilder und Metaphern gleichsam wie nachträgliche Illustrationen zu behandeln oder gar zu suchen. Am Anfang – so lautet das erste Gesetz in Kafkas Universum – steht das Bild, und nicht wenige seiner Texte lassen sich als Ausfaltungen eines einzigen, denkwürdigen Bildes lesen, als Demonstration dessen, was ein Bild ‚hergibt'. Seit langem vertraut, wahrscheinlich noch von der Kindheit her, war Kafka das Bild des zum Tier degradierten Menschen, das der mit krassen Schimpfworten freigebige Vater schon gewohnheitsmäßig gebrauchte. Die ungeschickte Köchin war ein „Vieh", der schwindsüchtige Ladengehilfe ein „kranker Hund", der am Esstisch kleckernde Sohn ein „großes Schwein". „Wer sich mit Hunden zu Bett legt, steht mit Wanzen auf", hatte Hermann erst ein Jahr zuvor über Jizchak Löwy geflucht, das war beileibe nicht das erste Mal gewesen, dass Kafka dieser Satz in den Ohren schmerzte – freilich das erste Mal, dass er dagegen protestierte.

Früh schon muss sich für Kafka das Bild des Tieres mit der Vorstellung einer entsetzlichen Nichtigkeit verbunden haben; und dass es nicht nur im Munde des Vaters, sondern ebenso in der Wirklichkeit ein Fluch war, Tier zu sein, kann dem aufmerksamen Kind nicht entgangen sein. Geschundene Pferde gehörten noch in den neunziger Jahren zum Straßenbild der Metropolen; kein Erwachsener verschwendete ein Gedanken an die depravierten Kreaturen in Zoo und Zirkus, ganz zu schweigen vom Inferno der Schlachthöfe. Das Tier leidet, aber sein Leid zählt nicht in der moralischen Buchführung der Menschengeschichte. Das Tier gilt als stumm, weil seine Ausdrucksformen nicht als ‚Sprache' nobilitiert sind. Aber vor allem kennt das Tier keine Scham: Es präsentiert seinen Körper in einer Weise, die den Menschen an seine eigene Animalität beständig und peinlich erinnert. Ekel ist die Folge, körperlicher Abscheu und Gewalt gegen diese allzu nah Verwandten.

Am schlimmsten aber sind die Insekten. Einen Menschen als Ungeziefer zu bezeichnen, ist eine Beleidigung, die schwerlich überboten werden kann; ihn gar als Ungeziefer zu behandeln, ihn ohne einen Blick und in völliger Achtlosigkeit beiseite zu schaffen, scheint geradezu unmöglich und mit der kommunikativen Bedeutsamkeit jeder menschlichen Geste unvereinbar (drei Jahre später wird der Gaskrieg beweisen, dass es dennoch möglich ist). Das Vernichten eines Insekts, ja selbst einer ganzen Insektenart gilt für nichts. Die vitale Zielstrebigkeit, die wir diesen Lebewesen immerhin zubilligen müssen, kann nur als negative, ‚schädliche' gedacht werden, als programmierte Aggression, die jeden Skrupel überflüssig macht. (...)

Die Idee zur *Verwandlung* ereilte Kafka genau dort, wo seinen Helden der Schock der Verwandlung selbst ereilt: im Bett, nach dem Erwachen. Es

war der 17. November 1912, ein Sonntag. Kafka hatte keine Lust, sich zu erheben, er hatte zu überhaupt nichts Lust. (...) Kafka lag auf dem Rücken und ließ den Blick über Wände und Zimmerdecke wandern. Kalt war es, und von draußen kroch, wie seit Tagen schon, ein trübes, graues Novemberlicht herein. Am Fenster tropfte Tauwasser. Von [seinem Freund Max] Brod verlassen, von Felice [Bauer] verlassen. Nebenan die lebhaften Geräusche der Familie, das Geklapper aus der Küche, das Rauschen der Röcke, das Türenschlagen des ‚Fräuleins', genau wie eine Woche zuvor, als [seine Schwester] Elli ihr Kind geboren hatte und die in der Wohnung ausbrechende Begeisterung sein Zimmer förmlich aussparte, als handele es sich um eine Abstellkammer, als gehöre er nicht mehr dazu. (...)
Was war es, was Kafka in dieser finsteren Stunde aufging und ihn sogleich „innerlichst bedrängte", wie er noch am Abend an Felice schrieb? Das Bild eines Käfer-Ich in einem Menschenbett? Auch das, gewiss. (...)
Was (...) Kafka an jenem Morgen bedrängte und überwältigte, war – so muss man vermuten – nicht die längst vertraute Vorstellung einer Tierverwandlung, sondern die Einsicht, dass die Tiermetapher, insbesondere das Bild des nichtigen, niederen Tiers (...) eine Zentralmetapher seiner Existenz war. Im Werk Kafkas markiert *Die Verwandlung* den Beginn einer ganzen Serie von denkenden, sprechenden und leidenden Tieren, von gelehrten Hunden und gierigen Schakal, psychotischen Maulwürfen, abgeklärten Affen und eingebildeten Mäusen – ein Topos, dessen Wurzeln offenbar bis ins tiefste innerpsychische Dunkel reichten und das zugleich so schmiegsam, vielgestaltig und vieldeutig war, dass es fast beliebige erzählerische Nuancierungen erlaubte.
Verlockend war diese Metapher vor allem deshalb, weil der Blick des Tieres auf den Menschen ein Blick *von außen* ist – das einzig denkbare lebendige Außen in einer Welt ohne Transzendenz. Das Tier ist nicht „Partei", wie Kafka dies später genannt hat, es ist der stumme Zeuge, es lebt neben dem Menschen, nicht mit ihm. Das Nächste und Wichtigste ist ihm sein Körper, dessen Gestalt und Verwundbarkeit seine Existenz ganz und gar bestimmt. Und die ungeheuerliche Überlegenheit des Menschen spürt das Tier nur als Zwang und als Angst, ohne deren Quelle je zu begreifen. Seit langem schon hatte Kafkas Selbstbild begonnen, sich dieser imaginierten tierischen Position allmählich anzunähern. Die Junggesellen-Metapher genügte nicht mehr, verlangte nach Radikalisierung. Denn die wunderlichen, hypochondrischen Züge, die der einsame Junggeselle zwangsläufig annimmt, verblassten hinter der radikalen Fremdheit, die Kafka jetzt, da die Begegnung mit Felice ihn zu einer Definition seines

Lebens zwang, wie ein Kälteschauer beschlich – wie jene Kälteempfindung, die Gregor Samsa als eine der ersten Äußerungen seines neuen Körpers kennenlernt. Diese Kälte rührte nicht von der Einsamkeit; sie rührte vom *Anderssein* „Ich lebe", schrieb Kafka ein Jahr später an [Felices Vater] Carl Bauer, „in meiner Familie, unter den besten liebevollsten Menschen fremder als ein Fremder." (...)

Reiner Stach: *Kafka – Die Jahre der Entscheidungen.* Frankfurt am Main: S. Fischer, 2. Aufl. 2002, S. 210–215.

Wirkungsgeschichte

Die Wirkungsgeschichte zur *Verwandlung* ist längst unüberschaubar. Sie reicht von ersten literaturkritischen Reaktionen (u. a. von Kasimir Edschmid oder Oskar Walzel) über mehrere Verfilmungen (zuletzt 2015 als Fernseh-Kurzfilm unter der Regie von Igor Plischke), Hörspielbearbeitungen oder Adaptionen fürs Theater oder die Oper bis hin zu literarischen Reaktionen wie Gabriele Wohmanns Gedicht *Ich bin kein Insekt* (1983) oder Ulrike Draesners Erzählung *Rosakäfer* (2011 in ihrem Erzählband *Richtig liegen*). Wie inspirierend gerade der erste Satz der Erzählung wirkt, zeigt der Beginn von Martin Walsers Roman *Das Schwanenhaus* (1980). Eine bemerkenswerte Einführung in Leben und Werk Kafkas stellt die Comic-Adaption des US-amerikanischen Künstlers Robert Crumb dar (*Kafka*, Reprodukt Verlag, 2013; Text: David Zaine Mairowitz).

Das Schwanenhaus (Martin Walser, 1980)

Als Gottlieb Zürn aufwachte, hatte er das Gefühl, er stehe auf dem Kopf. Offenbar war sein Kopf im Lauf der Nacht immer schwerer und sein Leib immer leichter geworden. Solange sein Kopf mit diesem Gewicht im Kissen lag, hatte er keine Aussicht, wieder auf die Füße zu kommen. Ich bin das Gegenteil eines Stehaufmännchens, dachte er. Sobald er die Augen zufallen ließ, hatte er wieder das Gefühl, er stehe auf dem Kopf. (...)

Martin Walser: *Das Schwanenhaus. Roman.* Frankfurt am Main: Suhrkamp, 1980, S. 7.

Ich bin kein Insekt (Gabriele Wohmann, 1983)

Ich bin kein Insekt
Aber insektenmäßig
Bin ich auf den Rücken gefallen
Meine Beine
Suchen den Boden in der Luft
Ich habe Glück
Ich kippe mich seitlich um
Ich befinde mich auf meinen Füßen
Ich mache Gehversuche
Es geht Ich gehe
Aber jemand erinnert sich an sein Spiel
Jemandem nützen meine Gehversuche
Überhaupt nichts
Jemand dessen Spiel ich verdarb
Legt mich ganz freundlich zurück
Das Spiel hat experimentellen Charakter
Ich bin wieder auf dem Rücken
So bin ich brauchbar
In Rückenlage bin ich einige Beobachtungen wert
Sofern ich mich in mein Pech schicke
Ich bin Lehrstoff
Ich diene dem Fortschritt
Mit mir kann man etwas beweisen

Gabriele Wohmann: *Ich bin kein Insekt.* In: Dies.: Gesammelte Gedichte 1964–1982. Darmstadt/Neuwied: Luchterhand Verlag, 1983, S. 15.

„Crumb hat dieselben Ängste wie Kafka" (Interview mit David Z. Mairowitz, 2013)

David Z. Mairowitz hat zusammen mit dem Comic-Pionier eine Werkbiografie des Schriftstellers geschaffen, die jetzt neu erscheint. Im Interview erzählt er, wie es dazu kam.

(…) Sie arbeiten in *Kafka* anhand seiner zentralen Erzählungen drei Kernthemen heraus: Kafkas schwieriges Verhältnis zu seinem Vater, sein ambivalentes Verhältnis zu allem Körperlichem und Sexuellem und sein Ringen mit seiner jüdischen Identität. Sind dies auch die wesentlichen Motive seines Schreibens?

Der Schluss der *Verwandlung* aus der Sicht Robert Crumbs.
Abbildung aus KAFKA von Mairowitz Crumb

Das Problem einer solchen Aussage besteht darin, dass man über Kafka nicht einfach sagen kann, dass er auf diese oder jene Art schreibt. Es ging Kafka bei seinem Schreiben darum, sich selbst zu vernichten – eine Konsequenz seiner Biografie. Der sensible Franz Kafka war von seiner Kindheit, seinem Vater, dem jüdischen Umfeld und der strengen Prager Umgebung derart geprägt, dass sein Schreiben für ihn immer eine Art Überlebenskampf in dieser Umgebung war. Irrsinnigerweise bestand Kafkas Art, zu überleben, darin, sich schreibend immer wieder selbst zu vernichten. Es ging dabei nicht um Selbstmord, sondern um eine psychologische Verarbeitung des Erlebten. Wenn also der Vater sagte „Ich werde Dich wie einen Käfer zertreten", dann nahm Kafka in seinem Werk die Rolle des Käfers an und ließ sich von seinem Vater mit einem geworfenen Apfel vernichten. Er hat all die hässlichen Angriffe und Attacken in sich aufgenommen und in seiner Literatur kommen sie dann wieder aus ihm heraus.

Frauen spielen sowohl bei Franz Kafka als auch bei Robert Crumb eine große Rolle. Das Maß des Expliziten scheint mir bei den beiden nur unterschiedlich. Treffen mit Kafka und Crumb zwei sehr unterschiedliche Menschen aufeinander oder eher zwei Brüder im Geiste?

Robert Crumb hat genau dieselbe Angst vor Frauen wie Franz Kafka. Wenn sich Crumb selbst als kleinen und zitternden Wicht vor den kräftigen Frauen mit großen Ärschen zeichnet, dann macht er sich da genauso klein, wie sich Kafka in seinen Werken klein macht. Crumbs Frauen sind immer riesengroß und drohen ihn aufzufressen. Kafka hat dieselbe Angst vor Frauen. In seinem Tagebuch beschreibt er die Angst vor dem Geschlechtsverkehr, spricht von der Sexualität als der „Sehnsucht nach Schmutz" und vom „Koitus als die Bestrafung für das Glück des Beisammenseins". Ich glaube, wenn man so offen darüber schreibt, ist die Angst zugleich auch Ausdruck der Faszination. (...)

Thomas Hummitzsch: *Crumb hat dieselben Ängste wie Kafka. Interview mit David Z. Mairowitz.* In: Der Tagesspiegel, 14.5.2013, abrufbar unter: https://www.tagesspiegel.de/kultur/comics/interview-mit-david-z-mairowitz-crumb-hat-dieselben-aengste-wie-kafka/8203776.html

BIOGRAFIE

WORT- UND SACHERKLÄRUNGEN

MATERIALIEN